KB195524

푸코

첫 단 추 시 리 즈

푸코

개리 거팅 지음
전혜리 옮김

교유서가

늘 사랑하는 아나스타샤에게

차례

2판에 부쳐

'푸코 이후의 푸코'라는 제목으로 11장을 추가했다. 이 새로운 장은 푸코 사후에 출간된 자료, 특히 콜레주드프랑스에서의 강의들과 『성의 역사 4: 육욕의 고백』(제목의 번역에 대해서는 11장의 주 2 참고)에 관한 것이다. 이에 따라 10장에서 몇 가지가 수정되었으며, 다른 장에도 수정된 곳이 몇 군데 있다.

개정판을 제안해주고 지지를 보내준 옥스퍼드대학출판부의 앤드리아 키건, 또 제니 뉴지에게 감사드린다. 그리고 내 모든 작업물을 가장 먼저 읽어주는 최고의 독자, 아나스타샤 프리엘 거팅에게 다시 한번 특별한 감사를 전한다.

약어 설명

아래의 약어들은 푸코의 작업물들을 표시하는 데 통용된다.

저서

AK(DL) *The Archaeology of Knowledge*, tr. Alan Sheridan(New York: Vintage, 1972). 이 책에는 'The Discourse on Language'(DL)(푸코의 콜레주드프랑스 취임 강연의 영어 번역)이 포함되어 있다.

한국어판은 『지식의 고고학』(민음사, 2000), 『담론의 질서』(세창출판사, 2020).

BC　　*The Birth of the Clinic*, tr. Alan Sheridan(New York: Vintage, 1973). 한국어판은 『임상의학의 탄생』(인간사랑,

1996).

CF *Confessions of the Flesh*, Volume 4 of *The History of Sexuality*, tr. Robert Hurley(New York: Pantheon, 2021). 한국어 판은 『성의 역사 4: 육체의 고백』(나남출판, 2019).

CS *The Care of the Self*, Volume 3 of The History of Sexuality, tr. Robert Hurley(New York: Vintage, 1986). 한국어판은 『성의 역사 3: 자기배려』(나남출판, 2020).

DE *Discipline and Punish*, tr. Alan Sheridan(New York: Vintage, 1977). 한국어판은 『감시와 처벌』(나남출판, 2020).

HF *Histoire de la folie à l'âge classique*(Paris: Gallimard, 1972). 한국어판은 『광기의 역사』(나남출판, 2020).

HS *The History of Sexuality*, Volume 1: *An Introduction*, tr. Robert Hurley(New York: Vintage, 1978). 한국어판은 『성의 역사 1: 지식의 의지』(나남출판, 2020).

MC *Madness and Civilization*, tr. Richard Howard(New York: Vintage, 1965). 한국어판은 『광기의 역사』(인간사랑, 1999. 이 책은 『광기의 역사』(나남출판, 2020)의 축약본이다.)

OT *The Order of Things*, tr. Alan Sheridan(New York: Vintage, 1970). 『말과 사물(Les mots et les choses)』의 영역판. 한국 어판은 『말과 사물』(민음사, 2012).

RR *Death and the Labyrinth: The World of Raymond*

Roussel, tr. Charles Ruas(Garden City, NY: Doubleday and Co.,
1986). 『레몽 루셀(Raymond Roussel)』의 영역판. 푸코의 인터
뷰(진행자 찰스 루아스)가 포함되어 있다.

UP　　*The Use of Pleasures*, Volume 2 of *The History of Sexu-
ality*, tr. Robert Hurley(New York: Vintage, 1985). 한국어판은
『성의 역사 2: 쾌락의 활용』(나남출판, 2018).

논고, 강의, 인터뷰 선집

DE　　Daniel Defert and François Ewald (eds), *Dits et écrits,
1954–1988*, four volumes(Paris: Gallimard, 1994). 그의 저서를
제외하고, 푸코가 출간한 거의 모든 것을 포함하고 있다.

　『말과 글』로 알려져 있다. 출간된 푸코의 저서들 외에 거
의 모든 논고, 강의, 인터뷰가 실려 있다. 일본어로는 완역되
었고(『ミシェル·フーコー思考集成 I - X』, 筑摩書房(치쿠마쇼
보), 1998~2002) 선집도 나와 있으며(『フーコー·コレクション
1 - 6』, 筑摩書房, 2006), 영어로는 *The Essential Works of Michel
Foucault*(ed. Paul Rabinow, The New Press, 1997~2000)라는 제
목으로 선집이 출간되어 있다. 한국어로는 여러 책들에 조금
씩 흩어져 번역되어 있다. 역자 독서 안내를 참고하라.

EW　　*The Essential Works of Michel Foucault*, ed. Paul Rab-
inow. 『말과 글』선집. 세 권으로 출간되었다.

EW I   Volume 1, *Ethics: Subjectivity and Truth*, ed. Paul Rabinow, tr. Robert Hurley et al.(New York: New Press, 1997).

EW II   Volume 2, *Aesthetics: Method and Epistemology*, ed. James Faubion, tr. Robert Hurley et al.(New York: New Press, 1998).

EW III   Volume 3, *Power*, ed. James Faubion, tr. Robert Hurley et al.(New York: New Press, 2000).

P/K   Colin Gordon(ed.), *Power/Knowledge: Selected Interviews and Other Writings, 1972–1977*(New York: Pantheon, 1980). 한국어판은 『권력과 지식: 미셸 푸코와의 대담』(나남, 1991).

PPC   Lawrence Kritzman(ed.), *Michel Foucault: Philosophy, Politics, Culture*, tr. Alan Sheridan(London: Routledge, 1988).

EW에는 실려 있지 않은 몇몇 중요한 논고들이 P/K와 PPC에 실려 있다.

삶과 작업

푸코(도판 1)에 대해서는 다음의 인용문으로 시작하겠다. "내가 누구인지 묻지도 말고 동일한 채로 남아 있으라고 요구하지도 마라. (…) 우리의 신분증명서들이 제대로 되어 있는지 확인하는 일은 공무원들과 경찰들에게 맡겨두자."(AK, 17)

그의 이런 바람을 이해하려면, 이미 알려진 사실들을 바탕으로 그의 삶이 꽤나 다양한 방식으로 해석되어왔다는 것을 알아야 한다. 그의 삶에 대해서는 점진적인 학문적 성공에 초점을 맞추는 일반적인 방식으로 이야기할 수도 있다.

지역 유지 집안에서 성공한 의사의 아들로 태어난 폴미셸 푸

도판 1. 같은 반 학생들 맨 위의 푸코, 푸아티에, 1944.

코는 명문 고등사범학교의 총명한 학생으로, 스타라고까지 할 수 있었다. 그는 학문적이고 정치적인 이유로, 프랑스에서 철학 쪽에 학문적 야심을 갖고 있는 사람들에게 일반적으로 기대되는 고등학교 교사 자리를 피했다. 대신 그는 스웨덴과 폴란드, 독일 등지를 전전하며(Wanderjahren), 소르본에서 가장 영향력 있는 교수들 중 한 명의 후원 아래 학위 논문을 끝마친다. 이 학위 논문은 출간 후 선도적 지식인들의 호평을 받았다. 그후 8년간 그는 어렵잖게 여러 교수직을 거친다. 그의 1966년 작 『말과 사물』은 학술서 베스트셀러가 되었고, 푸코는 프랑스의 '거장 사상가' 사르트르의 뒤를 이을 유력 후보로 등극했다. 몇 년 후 그는 베르그송과 메를로퐁티에 이어 최정예 콜레주드프랑스 교수로 선출되었고, 이를 계기로 프랑스 학계의 정점에 서는 동시에 통상적인 강의의 짐을 덜게 되었다. 이때부터 그는 일본, 브라질, 캘리포니아 등 전 세계를 여행하며 청중들로 미어터지는 강당에서 강의하고 선명한 정치적 행동에 점점 더 많이 참여하면서도 중범죄와 성에 관한 탁월한 책들을 집필할 수 있었고 모든 인문학과 사회학 학과들에서 중요하게 생각하는 인물이 될 수 있었다. 1984년 그가 죽을 무렵 이미 그에 관한 책이 수십 권 출간되어 있었으며, 사후의 명성은 높아만 갈 뿐이다.

하지만 그의 삶을 다른 방식으로 이야기하는 것도 똑같이 타당해 보인다.

푸코는 총명했지만, 권위주의적인 의사 아버지 때문에 정서적 곤란을 겪었다. 고뇌하는 동성애자로서 고등사범학교 시절 자살을 시도한 정황이 있으며 정신의학적 치료를 받았던 것은 확실하다. 프랑스 사회를 너무 싫어했던 나머지 시답잖은 주재원 자리를 맡아 이 나라 저 나라를 떠돌았지만 그가 찾던 해방은 끝내 발견하지 못했다. 지식인으로서는 화려하게 성공했을지 모르나, 일생 동안 마약과 가학피학성애 등 그가 '한계-경험'이라 불렀던 극단적 감각들을 추구하다 환갑도 못 넘기고 샌프란시스코의 사우나에서 걸렸을 것으로 추정되는 에이즈로 죽고 만다.

정치 참여와 사회 참여[앙가주망], 그리고 활동가로서의 삶을 이야기할 수도 있겠다.

푸코는 지독히도 자주적이었고 애초부터 자기 자신과 타인들의 자유에 전념했다. 가장 복잡하고 학식의 깊이를 드러내야 하는 논의들 한복판에서도 억압에 대한 증오를 불태웠다. 심지어 자신의 가장 난해한 지적 작업물까지도, 온갖 압제에 맞서는 자들을 위한 '도구상자'에 기여하는 것으로 여겼다. 그리고 그는 자신이 열망하던 효과를 얻었다. 그는 반(反)정신의학 운동, 감옥 개혁, 게이 해방 운동의 영웅이었다.

어느 이야기에도 틀린 말은 없다. 하지만 이 상호적 진실들 때문에 푸코의 삶에 대한 하나의 결정적 이미지를 그려내기는 불가능하다. 그리고 이것은 바로 그가 원했던 바다. 퍼트리샤 던커(Patricia Duncker)의 소설 『환각에 빠뜨리는 푸코(Hallucinating Foucault)』[국내에는 '푸코의 신기루'라는 제목으로 알려져 있다]나 모리스 블랑쇼가 푸코의 죽음을 추모하며 쓴 『내가 상상하는 대로의 푸코(Michel Foucault tel que je l'imagine)』와 같은 책 제목들의 근저에는 그런 지혜가 깔려 있다. 적어도 현재까지는 푸코의 사생활이 거의 알려져 있지 않기 때문에 그의 사생활과 그의 작업의 관계에 대해서는 추측만 할 수 있을 뿐이다. 그런 종류의 추측이 가질 수 있는 장래성은 제한적인 반면 그 위험은 뚜렷하다는 것을 잘 보여주는 것이 바로 제임스 밀러의 『미셸 푸코의 수난(The Passions of Michel Foucault)』(인간사랑, 1995)이다.

그의 작업에서 그의 삶을 읽어낼 수 있는데 왜 그의 삶을 가지고 그의 작업에 의미를 부여하려 하는가? 푸코의 삶 대부분은 저서 집필로 채워져 있다. 사생활을 지키고자 했던 푸코 자신의 노력에도 불구하고 왜곡된 기억들에서 마구잡이로 비어져 나온 일화들의 집합보다는 그의 저서들이 그에 대해 더 많은 것을 말해준다.

가장 좋은 출발점은 『레몽 루셀(Raymond Roussel)』이다. 푸코가 수행한 문학 연구 중에서는 유일하게 책으로 출간될 만큼의 분량을 갖추고 있으며, 그가 '매우 개인적인 것'(RR, interview, 185)이라 특징지은 작업이기도 하다. 푸코가 루셀(도판 2)을 주제로 선택했다는 것은 아주 많은 것을 말해준다. 루셀(1877~1933)은, 푸코가 파리 좌안의 조제 코르티 서점에서 우연히 처음으로 그의 작품을 발견했던 1950년대까지도 도외시되던 주변부 작가이자 '실험주의자'였다. 그는 문학 이론이나 문학 운동의 일환으로서가 아니라, 자기가 아주 중요한 작가라는 과대망상의 감각으로 글을 썼던 사람이다. (사실 유명 정신과 의사인 피에르 자네Pierre Janet는 루셀을 검사하고 '변형된 종교광'이라 진단했다.) 상속받은 재산 덕분에 루셀은 집필에 전념할 수 있었다. 그러나 1894년부터 죽을 때까지 그가 창작한 시, 희곡, 소설 들은 조롱이나 무관심과 맞닥뜨렸을 뿐이었다. 다만 초현실주의자들은 거드름을 피우며 관심을 보였고 소설가 레몽 크노는 진심으로 감탄했다.

놀랄 일도 아니다. 루셀의 작품들은 아방가르드의 기준에

도판 2. 18세의 레몽 루셀, 1895.

서 보더라도 괴이한 것들이었으니 말이다. 그것들은 사물과 행동을 아주 세밀하게 기술하는 특징을 갖고 있으며, 그의 지시에 따라 사후 발표된 에세이 「나는 내 책 몇 권을 어떻게 썼는가」[1]에서 설명되듯, 대개 자기만의 괴상하고 형식적인 구성 법칙들에 따라 쓰였다. 예를 들어 그의 어떤 단편소설에서 첫 문장과 마지막 문장은 단 한 글자가 차이 날 뿐이지만 두 문장의 의미는 완전히 다르다. 그러니까 이 단편소설은 "Les lettres du blanc sur les bandes du vieux billard…(오래된 당구대 쿠션에 초크로 쓴 글씨들)"로 시작해 "Les lettres du blanc sur les bandes du vieux pillard…(늙은 약탈자가 이끄는 무리들에 관한 백인의 편지들)"로 끝난다.[2] 루셀은 이 외에도 동음이의 어구들의 이중적 의미들에 기반한 수많은 제약들을 활용한다.

　푸코는 무엇보다 루셀의 바로 그 주변부성에 매료되었다. 문학적으로 성공하지 못한 채 '정신병자'로 분류되어버렸다는 사실 말이다. 그는 언제나 주류의 기준들에 따라 배제된 자들에게 관심을 갖고 연민을 느꼈다. 처음에는 프랑스 지식인 특유의 부르주아지 혐오에 불과했을지 모를 이러한 태도는, 우리 사회를 정의하는 규범적 배제에 반대하는 강한 개인적 참여[앙가주망]로 발전하게 된다. (이를테면 그가 펼쳤던 감옥 개혁 운동처럼) 우발적 사회 운동도, 또 자신의 글들을 사회와 정치를 변화시키기 위해 분투하는 사람들이 사용할 수 있는 '도구상자'로 여기는 방식도 이러한 참여에서 비롯되는 것이다.

그러나 루셀이 인간의 주체성을 배제한 것 역시 푸코의 마음을 사로잡았다. 우선 루셀의 저작들에서 공간적 객체성이 시간적 주체성보다 우위에 있다는 사실이 이러한 배제를 암시한다. 그는 일반적으로 등장인물들과 그들의 경험에 대한 내러티브가 아니라 사물이나 행동에 대한 정교한 기술(記述)을 제공한다. 그의 작품들은 다른 수준에서의 저자의 주체성의 표현도 아니다. 쓰인 말들은 루셀의 사유나 감정보다는 언어 자체의 비인격적 구조들로부터 흘러나온다. 형식적 법칙들에 강하게 종속되어 있는 까닭이다. 이런 유의 글쓰기에 푸코가 관심을 갖는 것은, "얼굴을 갖지 않기 위해 글을 쓴다" (AK, 17)는 그의 단언, 자기 책들에서 그가 연속적으로 뒤집어쓰는 복면들 아래서 그 어떤 고정된 정체성이든 상실해버리기 위해 글을 쓴다는 단언과 상응한다. 죽음을 앞둔 시점에서 그는 이렇게 말한다. "삶과 작업에서의 주된 관심은 애초에는 당신이 아니었던 다른 누군가가 되는 것입니다."('Truth, Power, Self'(「진실·권력·자기」), 9)[3]

언어 안에서 자기를 상실하는 것, 그리고 주체성의 절대적 한계와 소거로서의 죽음을 푸코는 명시적으로 연결한다. 루셀의 작업들에 대한 그의 분석은 이 저자의 잘 알려지지 않은 모호한 죽음에 핵심적인 위치를 부여한다. 그의 시신이 발견된 곳은, 그전에는 늘 열려 있었지만 그날따라 잠겨 있던 호텔 방문 앞 바닥이었다. 그는 살기 위해 문을 열려고 했을 수도 있고, 구조되지 않으려 문을 잠가놓았을 수도 있다. 푸코가 보기에 이 죽음의 장면은, 루셀이 「나는 내 책 몇 권을 어떻게 썼는가」에서 제공하는 자신의 글쓰기에 대한 '열쇠'에 상응한다. 그가 열쇠를 사용해 다른 사람들을 들이고 싶었는지 아니면 들어오지 못하게 하고 싶었는지 우리가 알 수 없는 것과 마찬가지로, 문학적 열쇠가 그의 텍스트들의 의미를 여는지 아니면 닫는지 우리는 알 수 없다. 그리고 바로 그의 죽음이, 그 어떤 물음도 해결하지 못하게 막아버린다. 더 나아가 그의 문학적 열쇠 자체의 가치를 평가하지 못하게 막는 이 죽음은, 앞서 살펴본 것처럼 저자 자신의 주체적 삶은 물론 그가 등장시키는 인물들의 주체적 삶까지도 체계적으로 소거하는 그의 책들의 언어에 상응한다.

　푸코는 글 전반에 걸쳐 지속적으로 죽음에 초점을 맞추는데, 밀러가 추측하는 것처럼, 정말로 이 때문에 그가 의도적으로 자기 자신과 다른 사람들을 에이즈의 위험에 빠뜨렸는지 여부는 알 길이 없다. 하지만 분명한 건 그의 작업이 자기 상실에 매료되는 모습을 보인다는 것, 죽음을 통한 자기 상실에도, 그리고 루셀의 글쓰기와 같은 언어적 형식주의 안에서 나타나는 죽음의 거울을 통한 자기 상실에도 매료되는 모습을 보인다는 것이다.

주석가들은 일반적으로 『레몽 루셀』을 푸코의 주요 저작 목록 바깥에 놓는다. 여타의 저작들과 달리 역사를 다루지 않았기 때문이라는 것은 분명 타당해 보인다. 푸코 자신도 그 책을 누락시키는 데 만족스러워했다. "제 책들의 목록에 『레몽 루셀』의 자리는 없다고까지 말할 수 있을 것입니다 (…) 아무도 이 책에 큰 관심을 두지 않아 기쁩니다. 이건 제 은밀한 관심사거든요."(RR, interview, 185)[4]

철학적으로 충만하고 철학을 지향하는 역사라는 푸코 기획의 표준적 설명에 이 책은 들어맞지 않는다. 하지만 그럼에도 이 책이 몰두하는 문제들은 그의 다른 책들, 특히 1963년 출간된 『임상의학의 탄생』에서 다시 나타난다. 그 책은 이렇게 시작한다. "이것은 공간, 언어, 죽음에 관한 책이다."(BC, ix)[5] 물론 이번 연구는 19세기 근대 임상의학의 출현에 관한 것이므로, 공간, 언어, 죽음이라는 주제들은 의미심장하게 전치된다. 여기서 '공간'은 전염병이 도는 도시들의 공간, 병원 시료병동의 공간, 해부된 시신들 내부에 병변이 위치하는 공간이고, '언어'는 의학적 증상과 의학적 개연성과 관련된 언어다. 그리고 물론 '죽음'은 이제 주변화된 주체성의 상징이 아니라 그야말로 신체의 현실 그 자체다.

하지만 푸코의 문학 연구에서와 마찬가지로, (시간과 대비되는 것으로서의) 공간에 대한 관심과 (자율적 체계로서의) 언어에 대한 관심은, 주체성을 그 일상적 중심 위치로부터 떼어내어 그것을 구조적 체계들에 종속시키는 어떤 사유 방식을 반영한다. 그리고 푸코의 근대 의학사에서 죽음은 여전히 인간 실존의 심장부에 잔존한다. 그것은 소멸이 아닌 "삶에 내재하는 가능성"(BC, 156)[6]이며, (병리 해부의 절개들을 통해) 삶에 대한 우리의 과학적 지식을 근거 짓는다. 푸코는 "죽음"이 "그 낡고 비극적인 천국을 떠나 인간의 서정적 중핵, 즉 인간의 비가시적 진실이자 가시적인 비밀이 되었다"(BC, 172)[7]고 결론짓는다.

『임상의학의 탄생』은 여러 면에서『레몽 루셀』에서의 심미주의에 대한 과학적 대응물이다. 루셀에게서 나타나는 바로크 양식의 복잡화를 끈기 있게 탐험할 수 있게 했던, 푸코를 심취하게 했던 그 문제들이,『임상의학의 탄생』에서는 용의주도한 역사적 분석이라는 방식으로 나타난 것이다. 그러나 이 두 책 사이의 두드러진 차이점 하나는, 일관된 박식 중간중간 터져 나오는 맹렬한 비판의 섬광과 같은 것이『임상의학의 탄생』에는 있지만『레몽 루셀』에는 없다는 사실이다. 이를테면『임상의학의 탄생』서문에서 푸코는, 본격 논의에 앞선 사전 개요를 설명한 후, 역사적 방법론에 관한 몇 가지 최종 논평을 하기 전 느닷없이, 근대 의학이 "인간의 연민만큼이나 오래된 의학적 휴머니즘의 가장 밀도 있는 정식화"를 성취했다는 주장을 공격하고는 "이해(理解)에 관한 어리석은 현상학들이, 이 섣부른 생각에다 자기들의 개념적 사막의 모래를 뒤섞는다"고 비난한다.

계속해서 그는 "'의사/환자 관계[le couple médicin-malade]'라는 (…) 어렴풋이 에로틱해진 어휘"를 조롱한다. 그에 따르면 "이 어휘는, 너무 많은 생각 없는 사람들에게, 결혼의 환상이 갖는 무기력한 힘들을 전달하려 애쓰다 지쳐버리고 말았다".(BC, xiv)[8] 이러한 폭발은, 비록 자주 발생하지는 않지만, 푸코의 역사 연구가 갖는 특징이며, 앞으로 보게 되겠지만, 그 연구가 갖는 궁극적으로는 정치적인 어젠다를 암시한다. 반면 『레몽 루셀』은 심미적 기쁨 그 자체에 완전히 도취되어, 루셀이 "몇 번의 여름 동안 내 사랑이었던" "행복했던 시절"(RR, interview, 185)의 기억을 구성하고 있는 푸코를 보여준다. 이러한 대비는 내가 앞으로 논의하게 될, 푸코의 삶과 사유에서 심미적 관조와 정치적 행동주의 간의 근본적 긴장과 관련한 초기의 두드러진 사례다.

제 2 장

문학

　푸코가 어떻게 고정된 정체성으로부터 벗어나 끊임없이
다른 누군가가 되기 위해, 그러므로 결국은 진정으로 아무도
되지 않기 위해 여러 책들을 쓰고자 했는지 살펴보았다. 종국
에는 그가 왜 그런 것을 추구했는지를 물어야겠지만, 일단은
그 기획을 더 잘 이해해보자.

　회의적인 독자라면 아마 글쓰기를 통해 정체성으로부터
벗어나려는 푸코의 노력이 불가능한 기획이라고 말할 수도
있을 것이다. 글 쓰는 직업에 종사함으로써 그가 상당히 확실
하고 독특한 정체성, 바로 저자라는 정체성을 획득했던 것도
분명한 사실이니 말이다. 말이야 바른 말이지, 미셸 푸코는
과거에도 그랬고 지금도 여전히 유명하고 중요한 저자 아닌

가? 이게 그의 정체성이 아니란 말인가?

이러한 이의 제기에 푸코는 자신의 가장 잘 알려진 에세이 제목으로 답할지 모르겠다. '저자란 무엇인가?' 저자다, 라는 것이 이를테면 영웅이다, 거짓말쟁이다, 애인이다, 라는 식으로 어떤 정체성, 특정한 본성, 성격, 인격을 갖는 문제일까? 글쓰기가 나를 특정 유형의 인간으로 만드는 걸까?

저자에 대한 상식적 정의라 할 수 있는 '책을 집필하는 자'에서부터 시작해보자. 더 정확하게는, 말하자면 저자는 책으로 엮여서 나온 적 없는 운문이나 산문만 쓸 수 있으니, 저자는 '텍스트를 쓰는 사람'이라고 해보자. 하지만 우리는 곧바로 이 역시 딱 들어맞지는 않는다는 걸 알게 된다. 텍스트는 쓰인 모든 것이다. 여기에는 장보기 목록, 수업 중 전달된 쪽지, 청구서와 관련해 통신사에 보내는 이메일도 포함된다. 누구나 쓰는 그런 것들을 썼다고 해서 저자가 되는 것은 아니다. 푸코에 따르면, 니체 같은 위대한 저자의 '모든 것'을 수집하려고 할 때에도 이런 텍스트들은 포함시키지 않는다는 것이다. 오직 특정한 종류의 텍스트들만이 저자의 '작품'으로 간주된다.

우리의 정의에는 또 다른 약점이 있다. 문자 그대로 텍스트를 쓴, 심지어 '적절한 유형'의 텍스트를 쓴 사람일지라도 그 텍스트의 저자가 아닐 수 있다. 텍스트를 받아 쓴 비서의 경우 분명히 그렇다. 하지만 다른 경우들에도 역시, 더 복잡한 방식으로, 텍스트를 썼으면서도 그 텍스트의 저자가 아닐 수 있다. 예를 들어 어떤 유명 영화배우가 누군가의 '도움을 받아' 혹은 누군가가 '말해주는 대로' 자서전을 쓴다고 해보자. 아니면 어떤 정치인이 보좌팀이 만들어준 것을 가지고 칼럼을 '쓴다'거나 연설을 한다고 해보자. 혹은 어떤 과학자의 연구실에서 나오는 논문에 그 과학자가 '제1 저자'로 이름을 올리고는 있지만 실은 그 논문에서 직접 쓴 구절이 하나도 없다면 어떨까? 이런 사례들을 통해 볼 때 저자라는 것은, 우리의 단순한 정의가 상정하는 것처럼, 어떤 종류의 텍스트의 문자 그대로의 '원인'(제작자)이 되는 그런 문제가 아님이 분명하다. 그 텍스트에 대한 **책임이 있다**고 판단되느냐 여부가 진짜 문제인 것이다. 푸코가 주목하는 것은, 서로 다른 문화들은 그런 책임 소재를 판단하는 서로 다른 기준을 갖고 있다는 것이다. 예를 들어 고대에는, 특정 수준의 권위를 갖는다고 인정된 모든 의학 텍스트들은, 히포크라테스 같은 공인된 저자의 작품들로 지명되었다. 한편 어떤 시대에 (시나 소설 같은) 문학 텍스트들은 익명으로 돌아다녔고, 저자를 특정해야 하는 텍스트로는 여겨지지 않았다(오늘날 우리 문화에서의 재담 joke과 비교해보라).

이 두 고려 사항, 즉 어떤 종류의 텍스트가 저자를 가질 수

있는가라는 것과, 텍스트에 대한 어떤 종류의 책임이 누군가
를 그 텍스트의 저자로 만드는가라는 것으로부터 푸코는 우
리가 엄밀히 말해 '저자'가 아닌 '저자 기능'에 대해 이야기해
야 한다고 결론짓는다. 저자가 된다는 것은 어떤 텍스트와 그
저 특정한 실제적 관계를 맺는 것이 아니다(이를테면 인과적으
로 그 텍스트를 만들었다고 하는 것이 아니다). 그보다는, 그 텍스
트와 관련해 사회적이고 문화적으로 정의된 특정 역할을 수
행하는 것이다. 저자는 자연적인 것이 아니라 사회적 건조물
이며, 문화와 시대에 따라 변화할 것이다.

게다가 푸코는 특정한 하나의 텍스트에서 작동하는 저자
기능이 해당 텍스트의 저자인 단일한 자아(인격)와 일치하
지 않는다고 주장한다. '저술된' 텍스트에는 모두 저자 기능
을 수행하는 여러 개의 자아가 있다. 그러므로 1인칭 소설의
화자 '나'는 '나'가 묘사하는 낱말들을 실제로 쓴 사람과 다르
다. 하지만 둘 다 자기가 '저자'라고 정당하게 주장한다. 프루
스트의 『잃어버린 시간을 찾아서』가 고전적인 예다. 서술자
'마르셀'과 프루스트 '본인' 간에 복잡한 상호작용이 있으니
말이다. 푸코는 수학 논문에서도 동일한 복수성(plurality)을
발견한다. 서문에서 남편의 지지에 감사하는 '나'와, 본문에
서 '나는 이렇게 가정한다' 또는 '나는 이렇게 결론 내린다'고
쓰면서 정리를 증명하는 '나'를 구분해야 하는 것이다. 물론

텍스트의 낱말들을 쓴 한 사람이라는 명백한 의미에서의 단일 저자가 있다. 하지만 저자로서 이 사람은 다양한 자아들에 상응하는 서로 다른 여러 역할들을 맡는다. "저자 기능은 이 (…) 동시적 자아들의 분산을 일으키는 방식으로 작동한다." ('What Is an Author?'(「저자란 무엇인가?」), EW I, 216)[1]

우리는 이미 이 저자의 기능이라는 것이, 단일한 정체성에 고정되기를 원하지 않았던 푸코 같은 사람을 상당히 매혹하리라는 것을 살펴본 바 있다. 하지만 글쓰기가 나를 나 자신으로부터 멀어지게 할 수 있는 더 심오한 방법들이 있다. 이를 보기 위해 저자에 대한 초기의 상식적 모델로 돌아가보자. 텍스트를 쓰는 사람으로서의 저자라는 모델 말이다. 우리는 지금까지 저자의 정체성과 관련한 복잡한 문제들을 살펴봤다. 하지만 (저자를 무엇으로 이해하든) 저자들이 그들이 쓴 텍스트를 생산(야기)한다는 상식적 구상에도 난점들이 있다. 푸코는 『말과 사물』에서 이 문제를 깔끔하게 정식화했다. 푸코에 따르면, 니체는 '누가 말하는가?'(누가, 어떤 역사적 입장에 서서, 어떤 특정한 이해관계를 갖고, 경청될 권한을 주장하는가?)를 늘 텍스트에 묻는 것이 중요하다는 것을 보여주었다. 적어도 문학에 관해서라면 말라르메가 이 질문에 답했다고 푸코는 말을 잇는다. '말 자체'가 말한다는 것이다.(OT, 305)[2] 말라르메가 제안하는 것처럼 텍스트가, 그 텍스트의 저자보다도 낱말로부터, 언어 자체로부터 기인한다는 것이 의미가 있는가?

물론 의미가 있다. 모든 언어는 내가 말하는 방식과 심지어 내가 말하는 내용을 매번 지시하는 풍부한 개념적 구조를 포함하고 있다. 셰익스피어의 영어는 매사냥 경기에 대해 토론하기에는 훌륭한 수단이지만 축구와 관련해선 그렇지 않다. 셰익스피어의 희곡이 매사냥에 대한 능수능란하고 복잡한 논의들을 포함하고 있는 것은 매사냥에 대한 셰익스피어의 관심 때문이기도 하겠지만, 엘리자베스 여왕 시대 영어의 자원 때문이기도 하다. 만약 셰익스피어가 살아 돌아와 독일과 잉글랜드의 월드컵 결승전에 참석한다면, 그가 아무리 위대한 작가라도, 그 경기를 정확히 설명하는 데는 심각하게 불리할 것이다. 축구 경기에 대한 우리의 설명은 셰익스피어의 설명보다 훨씬 뛰어날 것이다. 그리고 그건 우리의 문학적 능력이 더 뛰어나서가 아니라, 우리가 사용할 수 있는 언어 때문일 것이다.

하지만 당신은 이렇게 말할지 모른다. 그건 그저 우연히 셰익스피어 시대에 축구가 존재하지 않았기 때문이며, 엘리자베스 여왕 시대의 영어에다 축구 경기를 묘사하는 데 적합한 하위 어휘들을 추가하면 쉽게 해결될 수 있는 문제라고 말이다. 맞다. 하지만, 우선, 우리가 실제로 사용할 수 있는 언어는 모두 그 역사적 발전상의 특정 시점에 놓일 수밖에 없고 그에 따른 제약이 있을 것이다. 둘째, 모든 특정 언어의 구조에는 근본적 제약이 있어서 어떤 종류의 표현을 그야말로 불가능하게 만들 수 있다. 실제로, 예를 들어 괴테나 릴케의 독일어에는 영어로 적절하게 옮길 수 없는 것들이 있는 듯하다. 하이데거는 오직 고대 그리스어와 독일어만이 철학을 논하기에 적합하다고 주장했다. 그걸 어떻게 알았는지는 확인하기 어렵지만 말이다.

그러므로 저자들이 글을 쓸 때 그들이 말하는 것들 대부분은 그들이 가진 독특한 통찰력이나 능력의 산물이라기보다는 그들이 사용하는 언어의 산물이다. 대부분의 텍스트에서 그저 언어가 말하고 있을 뿐이다. 저자는 이 사실에 대해 다양한 방식으로 반응할 수 있다. 한 표준적(낭만적) 구상에서는 저자가 개인의 유일무이한 통찰을 표현하기 위해 언어의 구조에 맞서고 있다고 본다. 여기서의 가정은 저자가 언어 이전의 개인적 비전에 접근할 수 있다는 것, 즉 한낱 관습적 표현으로 기울어지는 언어의 경향에 대항하여 작동해야 하는 것의 표현에 접근할 수 있다는 것이다. 반대로 '고전적' 구상에서는 저자가 전통적 비전을 구현하는 또 다른 작품을 만들기 위해 표준적 구조들을 받아들이고 활용한다고 본다. 고전적 관점과 낭만적 관점 모두 글쓰기는 개인들이 자기 자신을 **표현**하는 문제라고 본다. 그 두 관점의 차이는 단지 그 표현된 것이 저자 자신의 사적 비전인지 아니면 저자가 전통으로부터 차용한 것인지와 관련된다. 하지만 푸코는 특히 저자가 언어와 관계 맺는 또 다른 방식에 흥미를 갖는다. 자기를 표현하기 위해서가 아니라 언어 속에서 자기를 상실하기 위해 언어를 사용하는, 그런 방식 말이다.

이러한 종류의 저자는 '저자의 죽음'과 관련된 문학적 모더니즘의 특정 감각에 상응한다. 그런데 사실 이것은, 우리의 논의에서 알 수 있듯, 자기를 표현하는 자로서의 저자 개념의 죽음이다. 이를 대체하는 것이 언어가 스스로 드러날 수 있도록 하는 매개체로서의 저자라는 생각이다. 그러나 「저자란 무엇인가?」에서는 덜하지만, 그 뒤에 이어지는 푸코의 다른 논의들에서는 이러한 생각이 더 눈에 띄게 드러난다. 예를 들어 『말과 사물』에서 푸코는 이렇게 말한다. "우리의 사유에 대한 호기심 전체는 이제 언어란 무엇이며, 언어를 실질적으로 온전히[그 자체로 충만하게] 나타나게 하려면 어떻게 언어의 윤곽을 그려야 하는가라는 문제 속에 자리한다."(OT, 306)[3]

이 개념은 특히 푸코의 콜레주드프랑스 취임 강연(『담론의 질서(L'ordre du discours)』에서 두드러지게 나타난다. 여기서 우리는 푸코가 이 주제와 개인적으로 강하게 공명하는 것을 보게 된다. 그가 공개 강연을 해야 했기 때문이다. 그는 이렇게 시작한다. "오늘 내가 행해야 할 담론 안으로, (…) 슬며

시 미끄러져 들어갈 수 있기를 바랐던 것 같다. (…) 나는 그것 [말]에 의해 둘러싸이기를 (…) 바랐던 것이다. 내가 말하는 순간 이름 없는 어떤 목소리가 오래전부터 내 앞에 앞서 있기를 바랐다. 그러면 난 (…) 그 문장들의 틈 속에 매여 있는 것으로 충분했을 것이다."(DL, 215)[4] 푸코는 베케트의 몰로이가 가진 모더니즘적인 목소리와 자신을 연관 짓는다. "계속해야 한다, 계속할 수 없다, 계속해야 한다, 말이 존재하는 한 말해야 한다, 말이 나를 찾아낼 때까지, 말이 내게 말할 때까지, 말해야 한다. (…)"(사뮈엘 베케트, 『이름 붙일 수 없는 자(The Un-nameable)』, DL, 215[5]에서 재인용) 강의가 조금 진행된 후 그는 "담론을 분류하는 원리, 담론들의 의미작용들의 통일성과 그 기원, 담론들의 정합성의 중심"(DL, 221)[6]으로서의 저자 개념은 창의적 표현의 원천이기보다는 제한의 원칙이며, 우리로 하여금 포괄적 저자 기획에 따르는 것으로서의 텍스트를 읽도록 강요한다고 주장한다. 그리고 강의 마지막에 그는 이러한 이론적 여행으로부터 당면한 상황으로 우아하게 돌아서며 "나보다 앞장서 가고 있어줬으면 했던 그 목소리, 나를 인도해줬으면 했던 그 목소리, 내가 말할 수 있도록 이끌어줬으면 했던 그 목소리, 그리고 나 자신의 담론 안에 머물러줬으면 했던 그 목소리"는 사실 그가 존경하는 콜레주드프랑스 전임 철학 교수인 장 이폴리트였다고 말한다.(DL, 237)[7] 하지만 분명한 것은, 푸코가 바라보는 언어가 주관적 표현 방식 또는 상호주관적 표현 방식까지도 넘어서는 곳으로 우리를 데려갈 수 있고 또 그래야 한다는 것이다.

하지만 언어가 우리의 주관적 자아 너머의 진리를 우리에게 제공한다는 것은 어떤 의미에서인가? 물론, 말하자면 언어는 우리가 알아차리기에는 너무 가까운 그러한 구조들을 통해 우리 일상생활의 틀을 제공하는 것이 사실이다. 1950년대와 1960년대에 비트겐슈타인을 따랐던 영미권의 일상언어 철학은 이 언어적 '무의식'을 밝히는 한 방법을 제공했다. 1960년대에 푸코가 전개한 '지식의 고고학'은 훨씬 더 역사적인, 또 하나의 방법을 제공했다. 그러나 사실 우리가 지금 따라가고 있는 그의 사상은 일상생활의 하부구조로서의 언어에 관한 것이 아니다. 여기서 그가 매료되어 있는 것은 오히려 언어를 극도로 압박하고 역설적으로 언어를 그 한계까지 밀어붙여 결과적으로 침해와 위반의 경험을 낳는 글쓰기다.

이러한 글쓰기의 가장 좋은 예는 조르주 바타유(도판 3)의 글쓰기다. 푸코는 그에 관해 열정적이고 모호한 에세이 「위반 서문」을 쓴 바 있다. 바타유의 폭력적인 포르노 소설의 주요 주제인 성 현상[8]은 위반의 주요 장소다. 왜냐하면 성 현상은 우리의 모든 한계-경험과 관련되어 있기 때문이다('한계-경험'은 우리를 명료함과 적절성의 한계 혹은 그 너머로 데려가는

도판 3. 조르주 바타유.

위반의 경험에 대한 푸코의 용어다). 의식을 그 한계로까지 밀어 붙이는 것은 무의식, 즉 프로이트 이후로는 우리 모두 성욕의 소용돌이로 알고 있는 무의식으로 이어진다. 인간 사회들에 존재하는 법들의 한계는 근친상간의 보편적 터부다. 그리고 푸코의 말에 따르자면 "침묵의 백사장에서 말은 얼마나 멀리까지 닿을 수 있는지"('A Preface to Transgression'(「위반 서문」), EW II, 70)⁹를 명시하는 언어의 한계는, 물론, 언제나 성 현상의 '금지된 말'로 표시된다.

물론 외설스러운 글쓰기는 일반적으로 아주 보수적인 표현 수단이다. 욕망을 자극하긴 하지만 새로운 경험 방식이나 사고방식을 제공하지는 않는, 에로틱한 연상들로 가득 찬 일련의 클리셰들인 것이다. 그러나 바타유의 포르노그래피는 이미지들의 극한을 통해 각성시키기보다는 충격을 주고 쫓아버리며 눈을 부시게 하는 듯하다. 그 이미지들은 단아하게 명료한 산문으로 표현되기 때문에 더욱 혼란스럽다. 그것은 바타유가 거주하는 니체 이후의 세계에 내포된 역설에 의해 더욱 강화된다. 신이 죽어버린 이 세계에는 우리가 덤벼들 만한, 객관적으로 정의된 생각이나 행동의 한계가 없다는 것이다. "더 이상 신성한 것의 실질적 의미를 인정하지 않는 세상에서 신성모독이란 우리가 위반이라 부를 수 있는 것과 거의 같지 않은가?" 우리의 한계는 우리 자신에 의해 설정되었다는 것을 우리는 알고 있다. 따라서 그 한계들을 넘어선다(위반한다)는 것은 "자기 안으로 접혀 들어오는 공허한 모독, 그 모독의 도구들이 다름 아닌 그 모독의 도구 자체를 대상으로 삼게 될 뿐인 그런 모독"(EW II, 70)¹⁰을 통한, 우리 자신에 대한 반항을 의미할 수 있을 뿐이다. 하지만 이 역작의 그러한 부조리야말로 그 논리 법칙들에 대한 도전을 통해 한계-경험을 고조시키는 것이다.

극단주의에서의 이러한 실천의 요점은 우리를 일상적 개념과 경험의 한계로 몰아넣고 근본적으로 새로운 사고방식을 (아마도 변화하는 시각으로) 볼 수 있게 해주는 언어 안의 힘을 해방하는 것이다. 대체로 저자 바타유는 다른 세계에서 온 특별한 합리성 하부적 통찰 혹은 합리성 초월적 통찰에 접근할 수 있다고 주장할 수 없다(어쨌든 그는 실생활에서는 가장 평범한 사람이었다. 국립도서관 수석 사서였으니 말이다). 하지만 그의 글은, 그와 그의 독자들을 그들의 지식과 표현 능력의 영역 너머로 데려가는 새로운 위반적 진실들을 언어로부터 촉발시키기 위해 쓰였다.

하지만 바타유의 외설적 폭력은, 언어 그 자체가 말할 수 있는 공간을 만드는 유일한 방법은 결코 아니다. 그의 산문은 이 과도한 주체성으로부터, 또 에로틱하게 조장된 환상으로부터 비범한 한계들로 흘러가는 반면, 모리스 블랑쇼의 글은 모든 주체성의 완전한 후퇴에서 기인한 듯한 기이함으로 반짝인다. 푸코는 블랑쇼를 '바깥의 사유'의 대가로 읽는다. 그는 바타유에서와 마찬가지로 "철학적 주체성의 부재 때문에 생겨난 공간에서 철학적 주체성을 증식시키는 동시에 철학적 주체성을 몰수하는 언어 안에서 벌어지는 철학적 주체성의 붕괴와 분산"('A Preface to Transgression', EW II, 79)[11]을 구현하는 사유의(보다 정확히는 경험의) 대가라는 것이다. 푸코는 사드와 휠덜린으로부터 니체와 말라르메를 경유해 아르토와 바타유, 클로소프스키에 이르고, "아마도 이러한 사유에 대한 또 다른 증인 그 이상인" 블랑쇼에서 정점을 찍는 이러한 경험을 추적한다. 왜냐하면, 신적인 의식과 인간의 의식 안에 있는 언어의 뿌리로부터 언어를 다양한 방식으로 분리함으로써 바깥에 대한 생각을 표현했던 그의 선배들과 달리, 블랑쇼는 그의 텍스트에서 너무나 완전하게 부재하여 "우리에게 그는 그 사유 자체,─ 즉 절대적으로 멀리 떨어져 있고 반짝이며 보이지 않는 실제적 현존, 필연적 숙명, 피할 수 없는 법칙, 그 사유 자체의 평온하고 무한하며 규칙적인 생명력"('The Thought of the Outside'(「바깥의 사유」), EW II, 151)[12]이기 때문이다. 우리는 바타유의 폭력의 황홀경에 블랑쇼의 금욕주의가 상응한다고 말할 수 있다. 한계-경험의 역설 속에서 그 둘은 동등하다. 푸코가 블랑쇼와 관련해서는 더 순진하고 과감하게 생각하는 것일 수도 있지만, 중앙에서 통제하는 [것으로서의] 주체는 이 둘 모두에게서 언어 그 자체로 대체된다. 의식의 도구나 표현으로서의 언어가 아니라, "기다리면서 망각하는 자신의 본질에 의한, 모든 한정된 의미와 함께 아예 말하는 자의 존재 자체를 지워버리는 이 은폐의 능력에 의한"(EW II, 168) 언어인 것이다.

위반, 역설, 주체성의 분산은 모두 광기 그 자체의 궁극적 한계-경험으로, 우리가 '정신 나갔다'고 말하는 그런 사람의 궁극적 한계-경험으로 수렴된다. 푸코가 광기를 다루는 풍부하고 도발적인 방식에 대해서는 나중에 논의하겠지만, 그가 니체와 아르토 그리고 레몽 루셀 같은 '미친' 작가의 작품들에 특별한 관심을 가졌다는 것은 놀라운 일이 아닐 것이다 (그들 모두 임상적으로 이러저러한 점에서 미쳤다고 진단받은 바 있다). 하지만 푸코는 이런 경우에조차 작가의 성취가 결코 문자 그대로의 광인의 성취는 아니라고 강조한다. 그는 '광기'가 '작품의 부재'임을 상기시킨다.(MC, 287)[13] 갈 데까지 간 광기는 의미 있는 글쓰기를 불가능하게 만드는데, 예를 들어 우리는 니체가 토리노에서 보낸, ('그리스도'와 '디오니소스'라고 서명된) 마지막 미친 엽서를 그의 작품의 일부로 간주하지 않는다. '미친' 작가들의 특권과 그들에 대한 특별한 관심은,

그들이 제정신인 세계의 경계에 서 있다고 하는, 그들의 한계적 위치에서 기인한다. 그들의 글쓰기는 일관성과 비일관성의 경계 지대 혹은 중간 지대에서 작동하며, 그들 정신의 '혼란'은 바타유와 블랑쇼가 보다 의도적인 수단들을 통해 달성하는 위반과 후퇴에 영향을 미친다. 우리는 1장에서 루셀이 저자의 생각들을 표현한다고 하는 어떤 의도들에 의해 주도되지 않았던 에크리튀르, 본질적으로 [저자의] 의도에 의해 주도되지 않는 어떤 언어 구조가 전개될 수 있기 위해 필요한 공간을 확보했던 에크리튀르의 길을 열기 위해 어떻게 임의의 제한 사항들을 [부과해] 활용했는지를 살펴본 바 있다. 루셀로부터 영향받은 다른 작가들, 특히 레몽 크노, 조르주 페렉, 이탈로 칼비노 그리고 해리 메슈스 같은 울리포(Ouvroir de littérature potentielle: 잠재문학 작업실) 그룹 멤버들도 루셀과 유사한 장치들을 사용했다. 가장 유명한 예는 페렉의 『실종(La disparition)』으로, 문자 'e'를 사용하지 않고 프랑스어로 쓴 소설이다.

　푸코가 아방가르드 문학에 매료되는 것은 극단적 (한계-) 경험 속에서 일상적 삶을 넘어서는 진실과 성취를 추구하는 그의 경향의 한 측면이다. 죽기 불과 2년 전, 그는 인터뷰에서 이렇게 말한다.

일상생활을 구성하는 중간 정도의 쾌락은 (…) 내게 아무것도 아닙니다. (…) 쾌락은 믿을 수 없을 정도로 강렬해야 합니다 (…) 몇몇 약물들은 내가 찾는 엄청나게 강렬한 기쁨의 매개체이기 때문에 내게 매우 중요합니다.

('Michel Foucault: An Interview by Stephen Riggins'(「미셸 푸코: 스티븐 리긴스와의 인터뷰」), EW I, 129)

사인(私人)으로서의 푸코에게 이 강렬함에의 유혹은 여전히 중요했지만, 1960년대, 그러니까 문학에 대한 에세이들 대부분을 썼던 이 시기가 지나고 나자, 한계-경험과 그것을 불러일으키는 문학이 사회를 변화시키는 열쇠라는 확신이 점점 줄어들게 되었다. 대신 그는 인간 해방을 가져오는 데 필요한 것에 대한 훨씬 더 정치적인 구상 쪽으로 옮겨간다. 다음 장에서 우리는 푸코의 이러한 사유를 따라가볼 것이다.

제 3 장

정치

미셸 푸코는 자신이 정치적으로 분류되기 어려운 사람이라는 사실에 상당한 자부심을 느꼈다.

나는 사실 정치적 장기판에 있는 대부분의 칸에 차례로, 그리고 어떤 경우에는 동시에 여러 곳에 위치해왔다고 생각합니다. 무정부주의자, 좌파, 요란한 혹은 은밀한 마르크스주의자, 허무주의자, 노골적인 혹은 음흉한 반마르크스주의자, 드골주의에 봉사하는 기술관료, 신자유주의자 등등 (…) 이 기술(記術)들 중 그 어느 것도 그 자체로는 중요하지 않지만, 그것들 전체로서는 뭔가 의미하는 바가 있습니다. 그리고 이러한 의미작용이 제 마음에 썩 든다는 점을 인정해야겠습니다.

('Polemics, Politics, and Problematizations'(「논쟁, 정치, 문제
화」), EW I, 113)[1]

1968년 5월 학생 혁명 기간 동안 푸코는 튀니지로 떠나 있
었지만 모리스 블랑쇼는 당시 시위에서 그를 보고 말을 걸었
었다고 말한다. 만약 이게 사실이라면 이는 푸코가 언젠가
'내가 그 사람이고 싶었다'고 말한 바로 그 사람과 푸코의 유
일한 만남이었다. 이 이야기가 사실이든 아니든 간에―어쩌
면 푸코는 그해 여름 며칠 정도 돌아와 있었을 수도 있다―이
는 푸코의 삶과 사유에서 미학적인 것과 정치적인 것 간의 긴
장을 아주 상징적으로 보여주는 역할을 한다. 아마 그는 우리
를 구원하는 해방으로서의 순수 예술로부터 벗어나 인간의
자유를 위한 피할 수 없는 전장으로서의 세속적이고 정치적
인 영역을 받아들이기 시작하던 바로 그 시점에 그의 문학적
영웅을 만났던 것일 수도 있다. 어쨌든 1960년대 말 푸코의
태도는 바뀌었고, 1977년이 되자 모더니즘 문학 이론을 과거
형으로 말하면서, 1960년대에는 크게 관심을 끌었던 것들(바
르트 같은 비평가들, 솔레르스 같은 작가들, 『텔켈(Tel Quel)』 같은
잡지들)이 백조의 노래를 부르기에 이르렀다는 것[즉 종언을
고하게 되었다는 것]에 주목했다. 다만 푸코가 말하지 않은
것이 있다면, 그건 그 역시 그 백조의 노래를 합창하는 데 한

목소리를 크게 냈었다는 사실이다.

1970년대 푸코의 글이 근본적으로 새로운 방향을 제시했다고 볼 필요는 없을 것이다. "나는 『광기의 역사』와 『임상의학의 탄생』에서 내가 이야기한 것이 권력이 아니면 무엇이었는지 자문해본다"는 그의 견해는 어느 정도 설득력이 있다. 비록 자신이 『광기의 역사』에서는 권력을 주제화하는 데 필요한 개념적 도구들을 갖추고 있지는 못했다고 말함에도 불구하고 말이다.('Truth and Power'(「진실과 권력」), EW III, 117) 하지만 1968년 이후 그의 작업이 그의 인생에 있어서 글쓰기를 넘어서서 더욱더 점증하는 행동주의와 일체가 된 직접적인 정치적 성향을 갖게 되었다는 것에는 의심의 여지가 없다.

드레퓌스 사건이나 프랑스 대혁명 때까지 거슬러 올라가지 않더라도, 특히 2차 대전 이후 프랑스 지식인의 삶에는 강력한 정치적 색조가 있었다. 난해한 철학 논문이나 사회학 논문들이 비난받거나 찬사를 받는 이유는 거기서 감지할 수 있는 입장, 즉 당시의 정치적 문제에 대한 그들의 입장 때문이었다. 이러한 태도는 특히 사르트르의 주장에서 분명하게 나타난다. 글쓰기는 참여적(engagée)이어야 한다는 것이다. 사르트르가 보기에 참여 문학은 글쓰기와 역사적 상황의 피할수 없는 관계 맺음을 인식하는 글쓰기이며, 그 글의 독자들이 그러한 상황에 내재된 인간 해방의 잠재력을 의식하고 그에 따라 행동하게끔 하기 위해 분투하는 글쓰기다. 사르트르가 보기에 그런 글쓰기는 프로파간다가 아니다. 그런 글쓰기는 특정 이데올로기의 꼭두각시가 아니라 "사회적이고 정치적인 논쟁에 내재되어 있는 영원한 가치"를 표현하기 때문이다.(*Situations II*, 15)

자기 세대의 다른 모든 지식인들처럼 푸코도 사르트르의 그늘 아래 성장했으며, 특히 푸코의 정치 활동은 사르트르와의 비교 속에서 이해되어야 한다. 사르트르에게 결정적인 정치적 경험은 전쟁이었고 독일의 프랑스 점령이었다. 이런 경험을 통해 사르트르는 정치적 결정을 충성과 배신이라는 절대적 측면에서, 즉 레지스탕스[저항군]에 지원하느냐 아니면 [독일군에] 협력하느냐라는 냉혹한 선택의 측면에서 바라보았다. 그가 말했듯, "상황과 장소가 어떠하든, 사람은 항상 배신자가 되거나 혹은 되지 않거나를 자유롭게 선택할 수 있다"는 것이다. (한참 후, 인터뷰 진행자가 그에게 이 구절을 보여주자 그는 이렇게 말했다. "이걸 읽고 이렇게 생각했습니다. 이건 정말 대단해! 전 실제로 그렇게 믿었습니다!" 그리고 자신의 이러한 태도가 "전쟁의 비극과 영웅주의의 경험" 때문이라고 했다. *Between Existentialism and Marxism*(『실존주의와 마르크스주의 사이』), 33-4.) 전쟁의 또 다른 교훈은 프랑스 공산당의 도덕적으로나 정치적으로나 특권적인 입지였다. 사르트르의 생각 속에서만 그런 것이 아니었다. 레지스탕스의 선두에 섰던 공산주의자들은 그들의 정치적·사회적 목표에 동의하지 않는 프랑스인들로부터도 감사와 존경을 받았다. 전후 프랑스에서 공산주의자들은 사르트르 같은 좌파 지식인들(도판 4)로부터 의심의 여지 없는 신뢰를 받았다. [그렇다고] 이것이 입당으로 이어지는 것은 아니었다. 사르트르는 결코 공산당에 가입하지 않았다. 하지만 공산주의자들의 의제는 오랫동안 사르트르의 정치적 사상과 활동을 지배했으며, 1950년대에 그가 사적으로 유보적인 입장을 취했던 시기가 있었다고는 하지만, 그의 공식 입장은 그의 친구 알베르 카뮈와 모리스 메를로퐁티와 결별하는 대가를 치르고서라도 공산당을 전적으로 지지하는 것이었다. 그가 마르크스주의를 "우리가 넘어설 수 없는, 우리 시대의 유일한 철학"(*Critique of Dialectical Reason*(『변증법적 이성 비판』), xxxiv)으로 보게 된 것도 놀랄 일은 아니다.

사르트르보다 스물한 살 아래인 푸코가 전쟁을 경험했던 때는 정치적으로 각성한 성인 시절이 아니라 혼란스러운 청소년 시절이었다. 전후 프랑스의 정치적 불안정과 모호함 속에서 자라난 그는 사르트르의 윤리적·정치적 절대성에 회의적이었다. 그가 "보편 지식인", 자유 정신, "보편적인 것의 대변자", "진실과 정의의 주인 자격으로 말하기"('Truth and Pow-

도판 4. 1972년 11월 27일 파리 시위에서 푸코와 사르트르.

er'(「진실과 권력」), EW III, 126)[2]라고 부르게 되는 것의 허세를 문제삼을 때 그는 분명 사르트르를 염두에 두고 있다. 푸코에 따르면, 이것은 한때 틀림없이 가치 있는 소명이었지만 오늘날 보편적인 도덕 체계는 더 이상 사회적·정치적 문제에 대한 효과적 답변을 제공하지 못한다. 우리에겐 해당 문제들에 구체적으로 연루된 사람들의 상세한 답변이 필요하다. 푸코는 이것이 "특수 지식인", 그러니까 교수, 엔지니어, 의사, 또는 자문 위원의 영역이라고 주장한다. 특수 지식인은 "국가에 봉사하든 반대하든, 자기가 마음먹기에 따라 생명에 도움을 줄 수도 있고 돌이킬 수 없이 파괴할 수도 있는 힘을 가진"(EW III, 129)[3] 자, 말하자면 사르트르가 아니라 오펜하이머다.

푸코가 때로 자신을 특수 지식인으로 여겼다는 이야기도 있지만, 젊은 시절 정신병원에서 일했던 것을 제외한다면 그가 사회 체계 안에서 그런 종류의 특별한 책임을 맡아야 할 일은 일반적으로 없었다. 오히려 그를, 비록 푸코 자신이 이런 용어를 쓰지는 않지만, '비판적 지식인'이라 불러야 할 것이다. 그는 보편적 원칙들의 권위나 특수한 사회적·정치적 책임의 권위를 가지고 말하는 것이 아니라 단순히 그의 역사적 박식과 분석 기술을 기반으로 말하니 말이다. "영원한 것의 예찬자[보편 지식인]"도 아니고 "삶과 죽음의 전략가[특수 지식인]"도 아닌(EW III, 129)[4] 이 비판적 지식인[푸코]은, 정치적 참호 안에 있는 사람들이 전투를 벌이는 데 필요한 지적 도구들, 즉 전략적·전술적 가능성에 대한 인식을 제공한다.

사르트르와 푸코의 가장 명확한 정치적 차이는 마르크스주의와 그 마르크스주의의 주요 대표자로 여겨지는 공산당을 향한 푸코의 태도에서 나타난다. 초기에 푸코는 분명 마르크스주의의 관점에 끌림을 느꼈다. 인터뷰에서 그는 이렇게 말했다. "나는 학생으로서 마르크스주의, 현상학, 실존주의로 이루어진 지평을 바라보던, 그리고 그 지평에 의해 한계 지어지던 세대에 속합니다."(RR, interview, 174) (실존주의적 현상학, 특히 초기 하이데거가 푸코에게 끼친 영향은 루트비히 빈스방거의 에세이, *Traum und Existenz*(『꿈과 실존』)의 프랑스어 번역에 부친 긴 서문[5]에서 가장 분명하게 나타난다.) 특히 고등사범학교에서 만난 프랑스 공산당의 지도적 이론가 루이 알튀세르의 영향으로 푸코는 초기에 마르크스주의에 대한 지적 애착이 강했다. 그의 첫 책인 『정신병과 인격』에서 그는 실존주의를 포함한 비마르크스주의적 접근을 "신화적 설명"만을 제공하는 것으로 특징지었고, 정신질환은 궁극적으로 "갈등, 착취, 제국주의 전쟁, 계급투쟁의 형태로 된 현재의 경제적 조건들"을 결정하는 "모순들"로부터 발생한다(86)고 주장했다. 어떤 의미에서 푸코는 사르트르보다 훨씬 더 멀리 나갔으며, 한동

안 프랑스 공산당의 일원이었다. 하지만 그는 곧 마르크스주의의 이론과 실천 모두에 환멸을 느꼈다. 그는 딱 "몇 개월 정도"('Michel Foucault répond à Sartre'(「미셸 푸코 사르트르에게 답하다」), DE I, 666) 있다가—사실은 거의 1년 가까이 있다가—당을 떠났고, 1962년에는 정신질환에 대한 그의 책 두 번째 판에서 마르크스의 흔적을 소거해버렸다. 제목도『정신병과 심리학』(문학동네, 2002)으로 바꾸었다. 그는 파블로프의 반사 이론이 정신질환을 이해하는 열쇠라 주장했던 그 책[예전 판본]의 마지막 장 전체를 포함해 거의 모든 마르크스주의적 요소를 제거했고, 갓 출간된 자신의 박사 학위 논문『광기의 역사』를 기반으로 완전히 새로운 역사적 차원을 추가했다.

그 후로 마르크스주의에 대한 푸코의 태도는 복잡하고 양면적이었다. 이를테면『말과 사물』은 마르크스의 경제 사상이 근본적으로 독창적이거나 혁명적이지 않으며, 그것이 야기한 논쟁은 '어린이 수영장의 폭풍에 불과하다'(OT, 262)는 충격적인 주장을 했다. 하지만 나중에 인터뷰에서 이 점을 강조할 때 그는 마르크스가 특정 경제학 영역에서 갖는 중요성에 대해서 이야기했던 것뿐이지, 마르크스가 사회 이론에서 갖는 의심의 여지 없이 중요한 역할에 대해 이야기한 것은 아니라고 말했다.('Sur les façons d'écrire l'histoire'(「역사를 쓰는 방법」), interview with Raymond Bellour(레몽 벨루르와의 인터뷰), DE I,

587) 푸코가 그의 저작 전반에 걸쳐 마르크스주의를 상당히 진지하게 받아들이면서도 현대 프랑스 마르크스주의자들의 허세에 찬 감수성을 비꼬는 것을 상당히 즐거워했다는 결론을 피하기 어렵다. 푸코의 글과 인터뷰에는 그들을 놀리는 언급들이 있다. 그러니까 예를 들면, 그가 마르크스의 텍스트를 인용해야 할 곳에서 그것을 인용하지 않는다는 비난에 대해 푸코는 이렇게 답한다. 자신은 물론 여러 군데서 상당히 명백하게 마르크스를 참조하는데, 그것들이 어디서 인용된 것인지 집어낼 수 없을 정도로 자신들의 마르크스를 충분히 잘 알지 못하는 사람들을 안내하기 위해 명시적인 각주들을 다는 것에는 신경 쓰지 않는다고 말이다.(P/K, 'Prison Talk', 52)[7] 다른 한편 푸코는 『감시와 처벌』[1부 1장 4절]에서 감옥의 역사에 대한 루셰(Rusche)와 키르히하이머(Kirchheimer)의 마르크스주의적 저작의 중요성을 상당히 노골적으로 인정한다.

마르크스주의에 대한 푸코의 가장 직접적인 언급은 그가 죽기 한 달 전에 진행된 폴 래비노와의 인터뷰에 나온다. "나는 마르크스주의의 적대자도 아니고 지지자도 아닙니다. 마르크스주의에 의문을 제기하는 경험들에 대해 마르크스주의가 뭐라고 말해줘야 하는지에 대해 묻는 것입니다."('Polemics, Politics, and Problematizations', EW I, 115)[8] 여기서 푸코는 그가 '정치'라 부르는 것의 한 예로서 마르크스주의를 다루고 있

다. 이 인터뷰에서 그가 말하는 '정치'는 현재의 정치적 문제
들을 논의하기 위한, 이론적으로 정보에 근거한 일반적 틀을
의미하는 듯하다. 그의 핵심 논지는 그러한 틀이 단순히 정치
적 결정의 적절한 근거로 간주되어서는 안 되고, 우리가 직면
한 문제에 대한 실행 가능한 접근법을 제안할 수 있는, 혹은
하지 않을 수도 있는 수단으로서만 간주되어야 한다는 것이
다. 여기서 그는 1968년 학생 혁명을 모범 사례로 든다. 푸코
의 주장에 따르면 거기서는 '여성에 관한, 서로 다른 성들 간
의 관계에 관한, 의학에 관한, 환경에 관한, 소수자에 관한, 비
행에 관한' 일련의 물음들이 제기되는데, 그것은 전통적으로
마르크스주의와 같은 기성의 정치적 관점이 다루는 물음들
이 아니었다. 그런데 또 그와 동시에 학생 활동가들이 마르크
스주의가 이러한 물음들을 논의하기에 적절한 수단이라고
간주하는 것처럼 보였다는 점에 푸코는 주목한다. '어느 정
도는 마르크스주의로부터 직접 파생된 이론의 용어들을 가
지고 이 모든 문제들을 다시 쓰고자 하는 열망이 있었다.' 하
지만 마르크스주의는 이 과업에 적합하지 않았다고 푸코는
결론짓는다. '이런 문제에 직면하는 마르크스주의의 무력함
이 점점 더 명백'해지고 있었다는 것이다. 그가 결론 내리는
바 기성의 정치 노선('정치')으로부터 독립된 방식으로도 진
지한 정치적 물음들이 제기될 수 있다는 것을 우리가 배웠고,

결과적으로 "이제는 묻는 행위가 정치 노선의 틀 안에 재기입
되기보다는, 다수의 물음들이 정치를 향해 제기되었다"(EW
I, 115)[9]는 것이 긍정적인 면이다.

푸코는 **논쟁**과 **문제화**를 정치적으로 구분하면서 자신의 논
지를 일반화한다. 논쟁은, 어떤 일반적 노선의 틀만이 유일하
게 토론에 적합하다고 간주하면서, 그 틀을 가지고 정치적 쟁
점들에 접근한다. 그 틀을 받아들이지 않는 자는 모두, 함께
해결책을 찾아 나가는 상대방이 아니라 반박해야 할 적으로
여겨진다. 종교(이단 제거)와 사법부(형사 고발)에서의 유사한
기획들과 마찬가지로 논쟁은 "동맹을 정의하고 지지자를 모
으며, 이해관계와 의견을 통합하고 정당을 대변한다. 그것은
상대방을 적으로 상정하는 것으로, 반대 이익의 지지자인 상
대방이 패배할 때까지 싸워야 한다고 여기는 것이다".(EW I,
112)[10] (공산주의적 대의에 대한 사르트르의 충성 서약을 떠올리지
않을 수 없다. '반공주의자는 쥐새끼다 (…) 나는 부르주아 계급에
게 내가 죽어야만 끝날 증오를 맹세했다', 'Merleau-Ponty', in Situa-
tions, 198.) 푸코는 '멸균'으로서의 논쟁을 거부한다. "논쟁에
서 새로운 아이디어가 나오는 것을 본 적 있습니까?" 게다가
"진실에 접근하려면 그러한 경로들을 경유할 수 있다고 믿게
하는 것은 정말 위험하고, 비록 상징적인 형태일지라도 그런
믿음을 구실로 삼을 수 있는 실질적인 정치적 실천들을 승인

하는 것도 정말 위험"하다. 푸코에 따르면, 일반적으로 논쟁적 태도에서 나오는 최악의 결과는 "유보되어 있으며", 이는 아마도 대립 상태에 있는 관점들 간에 결정적 승자가 없기 때문일 것이다. 하지만 그는 한쪽이 승리할 수 있을 때 어떤 일이 일어나는지 안다고 말한다. "멀지 않은 과거 소련에서 언어학이나 유전학에 대한 논쟁 중에 일어났던 일을 보기만 하면 된다."(EW I, 113)[11]

문제화는 결국 정치적 문제들에 대한 우리 생각의 주요 원천인 논쟁적 분쟁(polemical dispute)의 노선의 틀을 무시하지 않는다. 하지만 문제화가 꼭 그 틀 자체에서 발생하는 것은 아니다. 그것은 사회 안에서 우리의 '체험'에서 발생하는 물음으로 시작된다. 우리는 이러한 물음을 ('정치'에 대한) 노선의 틀뿐 아니라 다른 다양한 틀에도 적용할 수 있고 또 적용해야 한다. 그 다양한 틀 모두 또는 일부가 적절한 답변을 제공하리라는 가정 없이 말이다. 정치적 논의는 우리의 물음들이 제기하는 구체적 문제들에 의해 주도되어야 하는 것이지, 그 문제에 답할 수 있다고 주장하는 기존 이론에 의해 주도되어서는 안 되는 것이다.

푸코는 또 리처드 로티의 실용적 언어인 '우리(we)'(집단적 합의)에 대한 자신의 생각을 밝히고, 동시에 그가 정치에 접근하는 방식에 대한 중요한 이의 제기에 응한다. 푸코는, 로티

가 푸코의 정치적 분석이 "그 어떤 '우리'에도 호소하지 않는
다고, 즉 그들의 합의, 가치, 전통이 어떤 사유의 틀을 구성하
는 그런 '우리'에 호소하지 않는다"고 지적했다는 데 주목한
다.(EW I, 114)[12] 로티는 푸코(도판 5)가 그 어떤 합의로부터도
출발하지 않음으로써 담론의 사적 영역과 공적 영역을 혼동
하고, 자유 사회의 규범으로서가 아니라 개인의 자기 창조의
일부로서만 적절한 가치, 이를테면 강렬한 한계-경험의 추구
등에 대한 공개적 지지를 추구하고 있다고 지적했다. 푸코의
답에 따르면 '우리'라는 것은 분명 대단히 중요하지만, 결과
로서 중요한 것이지 정치적 논의의 전제로서 중요한 것은 아
니라는 것이다. "내가 보기에 '우리'라는 것이 문제에 선행해
서는 안 된다. '우리'라는 것은 질문을 표명하는 새로운 방식
내에서 제기된 문제의 결과, 그것도 필연적으로 일시적인 결
과일 수밖에 없다."(EW I, 114-15)[13]

  이것은 효과적인 답변이지만 로티의 이의 제기의 핵심을
암묵적으로 인정하는 답변이다. 정치적 합의에 선행하면서
정치적 합의를 생성하는 물음은 당연히 일상적 담론의 평범
한 용어로 표명될 수 있는 질문이어야 한다. 그렇지 않으면
그것들은 차후에 합의될 답변의 후보로 거론조차 되지 않을
것이다. 하지만 이는 '표현 불가능한' 한계-경험이라는 것이,
사생활에서 그것의 역할이 무엇이든 간에, 정치적 논의를 위

도판 5. 1969년경의 푸코.

한 공개 토론의 장을 가질 수 없다는 것을 의미한다. 정치적 논의는 실질적 동의, 이를테면 자유주의적 정치 신조로부터 시작되어야 한다는 로티의 가정에 대해 푸코가 부인할 수는 있지만, 푸코가 초기의 미학적 저술들에서 그토록 강조했던 환원 불가능한 사적 가치들이 정치적으로 부적절하다는 데 대해서는 로티가 옳다는 것도 푸코는 인정해야 한다.

정치적 논쟁이 이론적 틀에 근거하지 않는다면 그것이 어떤 권위에 호소하는 것인지를 응당 물어야 할 것이다. 물론 우리는 종종 가치들의 궁극적 정당성에 대해 문제를 제기하지 않고서도 잘 지낼 수 있다. 특정 목적을 달성하는 법에 대한 사실적 물음들은 암묵적으로 공유된 약속들 위에서 제기된다. 그런 경우 우리는 그 쟁점들이 근본적 혁명보다는 실용주의적 개혁의 문제라고 말할 것이다. 그러나 푸코는 개혁(변혁)의 문제와 기성 체제 내에서의 작업 그리고 체계에 대한 혁명적 비판을 분리할 수 있다는 생각을 거부했다. 1981년 프랑수아 미테랑의 사회당 정부가 당선된 것을 두고 토론할 때 디디에 에리봉은, 새 정권의 첫 행보에 대한 푸코의 동조가 곧 "이 정부와 일할 수도 있겠다"고 생각했다는 것을 의미하느냐 물었고 푸코는 이에 반발했다.('So Is It Important to Think?'(「그러므로 사유하는 것이 중요한가?」)[14], EW III, 455) 그는 "찬성 아니면 반대라는 [양자택일의] 딜레마"를 거부하고 (체계 내에서의) 개혁주의 기획조차 '비판(과 급진적 비판)'을 필요로 한다고 주장한다. 개혁다운 개혁은 불가능하다고 말하는 사고방식에 의문을 제기해야 하기 때문이다. 따라서 우리는 "접근 불가능한 급진성"과 "현실에 대한 필수적 양보" 중에서 선택할 수 없다. "심층적 변혁[개혁—저자] 작업은 오히려 공개적이고 항상 지속적인[혁명적인—저자] 비판의 격동적 분위기 속에서 이뤄질 수 있습니다."(EW III, 457)

그러나 이러한 입장은 푸코로 하여금 기존 체제에 대한 근본적 비판의 근거가 무엇인지에 관한 물음을 더 강조하게 만든다. 그러한 비판은 혁명적 격변의 특별한 순간만이 아니라 정치 생활의 상수여야 하기 때문이다. 이란 혁명에 대한 푸코의 논쟁적 논의를 살펴보면 이 물음에 대한 푸코의 답변을 알 수 있다. 푸코는 이란 혁명에 대한 지지를 표현하는 바람에 많은 이들을 당혹시킨 적이 있다. 하지만 푸코는 봉기라는 근본적 행동을 지지했던 것이다. "한 개인, 집단, 소수, 또는 전 인민들이 '나는 더 이상 복종하지 않겠다'[15]고 말하며, 자신들이 부당하다 여기는 권위에 맞서 목숨을 거는 것."('Useless to Revolt?'(「항거는 무용한가?」)[16], EW III, 449) 푸코에 따르면 이러한 행위는 "환원 불가능"하며 심지어는 "역사와 그 역사의 긴 이성의 사슬"로부터의 "탈출"이다. "의무적 순종의 확실성보다 죽음의 위험 감수를 선호하는" 결정은 "'자연권'보다 더 견

고하고 경험에 더 가까운 것"으로, 모든 권리 주장의 "마지막 기준점"이다.(EW III, 449)

하지만 우리 안의 철학자는 봉기하려는 이 의지의 상태가 무엇인지 물을 것이다. 자유의 가능한 대가로서 죽음을 받아들이는 그런 종류의 진정성이 있다는 데는 의심의 여지가 없지만 푸코가 말했듯 우리에게 정말 "봉기할 권리가 있을까"? 적어도 이 토론에서 푸코는 답을 피한다. "이 물음을 열린 채로 둡시다. 사람들은 봉기를 일으킵니다. 그것은 사실입니다. (…) 윤리의 문제일까요? 그럴지도 모릅니다. 현실태의 문제라는 것에는 의심의 여지가 없습니다." 그가 말하고자 하는 것은 다만 그러한 봉기를 통해서만 '주체성(위대한 사람의 주체성이 아닌 누군가의 주체성)(EW III, 452)이 역사 속으로 들어온다는 것', 인간의 삶을 단지 생물학적 진화의 문제가 아닌 진정으로 역사적인 문제로 만드는 것, 그리고 지식인으로서의 그의 참여[앙가주망]는 "특이성이 봉기를 일으킬 때에는 경의를 표하고, 권력이 보편성을 침해하면 즉시 비타협적이 되는 것"(EW III, 453)이다.

그다지 만족스러운 답변은 아니라고 말할 수도 있을 것이다. 특히 그 혁명이 돌로 쳐 죽이고 손을 절단하는 폭정으로 곧바로 이어졌다는 사실을 떠올리면 말이다. 푸코는 이란 혁명이 애초부터 잔학 행위의 씨앗, 즉 "이슬람을 다시 한번 위대한 문명으로 만들고자 하는 강력한 희망과 악의적인 외국인 혐오"를 지니고 있었다는 점을 인정한다. 그러나 그는 "죽은 자들에게 의미 있었던 영성과, 통합주의 성직자의 피투성이 정부 간에는 공통점이 없다"고 주장한다.(EW III, 451) 그러나 봉기의 정신은 죽은 사람과 폭정 때까지 살아남은 자들에게 모두 동등하게 존재하지 않았던가? 그리고 운명이 뒤바뀌었더라도 [살아남은] 순교자들이 폭군 성직자들이 됐으리라고 충분히 생각할 수 있지 않은가? 새로운 폭정으로 이어지리라고 생각할 수 있는 모든 이유가 있다면 어떻게 그 봉기를 '존중'할 수 있을까? 푸코는 "어제는 사박(Savak)족의 고문에 반대했고 오늘은 잘린 손에 반대하는" 데 아무런 모순이 없다고 말한다.(EW III, 452) 그러나 사박족에 반대하는 운동이 동등한 분노를 불러일으킬 것을 알면서 왜 그 운동을 존중해야 한단 말인가?

다른 곳에서 푸코는 저항이나 봉기의 정당한 대상인 실천이나 상황을 특징짓기 위해 '참을 수 없음'이라는 범주를 사용한다. 이 범주가 갖는 이점은, 그것 덕분에 우리가 어떤 봉기의 사례는 도덕적으로 적절한 사례로서(왜냐하면 그들은 참을 수 없는 것에 반대하는 것이니), 다른 것은 또 그렇지 않은 것으로서 구별할 수 있다는 것이다. 이란 혁명에 대한 푸코의 '존중'은 명백하게 진실한 참여[앙가주망]의 사례를 판단하는 것에 대한 그의 거리낌을 반영하는 것일 수도 있다. 푸코 자신은 자기가 그걸 꺼리고 있다는 것을 몰랐을 수 있지만 말이다. 아마 그는 자기 문화 안에서의 움직임에 대해서는 다르게 행동할 것이고, 사람들이 반대하는 것이 참을 수 있는 것인지 없는 것인지를 판단할 수 있는 위치에 있을 수 있을 것이다. 하지만 그가 그런 판단 자체를, 정치적이거나 다른 윤리적 틀의 이론적 범주를 적용한 결과로 보는 것이 아니라, 환원 불가능한 소여로 간주한다는 데는 의심의 여지가 없다. 결국 상황을 직접 경험한 이들의 판단 외에는 그 어떤 권위도 있을 수 없다는 것이다.

제 4 장

고고학

　푸코는 종종 철학자, 사회 이론가 또는 문화 비평가로 여겨지지만 사실 그의 책은 『광기의 역사』에서부터 『성의 역사』에 이르기까지 거의 모든 것이 역사였다. 그래서 콜레주드프랑스가 그에게 직함을 무엇으로 할지 묻자 '사유 체계의 역사 교수'를 선택했던 것이다. 그럼에도 불구하고 그는 자신의 역사적 작업을 사상사에서의 일반적 연구와는 상당히 다른 것으로 보았다. 그는 그것을 특징짓기 위해 차별화된 용어를 사용하는데, 처음에는 사유의 '고고학', 나중에는 '계보학'이라 불렀다.

　사유의 고고학이라는 푸코의 아이디어는 언어가 단순히 사용자의 사유를 표현하는 도구가 아니라, 그 자체로 사유의 원천이라는 모더니즘 문학 사상과 밀접하게 연결되어 있다. 하지만 여기서의 과제는 위반이나 후퇴를 통해 언어 그 자체가 '말하는' 장을 여는 것이 아니다. 오히려 푸코는, 어떤 주어진 영역에서 어떤 주어진 시기에 사람들이 사유할 수 있는 방식에는 상당한 제약이 따른다는 사실에서 시작한다. 물론 문법과 논리 같은 형식적 제약이 늘 존재해서 횡설수설하거나 (무의미) 비논리적인(자기모순) 특정 표현들을 배제한다. 그러나 사유의 고고학자가 관심 갖는 것은, 이를테면 천체가 원을 그리지 않는 방식으로 움직일 수 있다거나 땅을 이루는 물질로 이루어질 수도 있다는 것을 수 세기 동안이나 '상상할 수 없게' 만드는 일련의 제약이다. 그런 제약들은 우리에겐 어리석어 보인다. 왜 그들은 그런 게 가능하다고 생각하지 못했을까? 하지만 푸코가 생각하기로, 모든 사유 방식에는 사유의 범위를 실질적으로 제한하는 암묵적 규칙(그 규칙에 따르고 있는 사람들은 그걸 표명조차 못 할 수 있다)이 포함된다. 이 규칙들을 드러낼 수 있다면, 얼핏 임의적인 듯 보이는 제약이 그 규칙들에 의해 정의된 틀 안에서는 완전히 정합적임을 알 수 있을 것이다. 게다가 그는 우리 자신의 사유도 그런 규칙들에 의해 지배당하고 있으므로 미래의 관점에서는 우리의 사유도, 과거의 사유가 우리에게 그렇게 보이는 것처럼, 상당히 임의적으로 보일 것이라고 말한다.

푸코의 생각에 따르면, 주어진 어떤 시기에 실제로 사유하는 개인들의 통제 밖에 있는 이러한 수준의 분석이, 무엇이 사람들의 생각을 제약하는지를 이해하는 열쇠다. 따라서 '관념사'—여기서는 과학자들, 철학자들 등의 마음속에서 의식적으로 일어나고 있는 일을 의미한다—보다는, 그들의 사유의 맥락을 형성하는 기저 구조가 더 중요하다. 이를테면 우리는 흄이나 다윈에게 관심을 갖기보다는 흄이나 다윈을 가능케 한 것에 더 많은 관심을 기울일 것이다. 이것이 푸코의 유명한 '주체의 주변화'의 핵심이다. 그가 개인의 의식이 실재함을 부정한다거나, 혹은 더 나아가서 개인의 의식이 최고의 윤리적 중요성을 갖는다는 것을 부정하는 것은 아니다. 하지만 푸코는, 개인은 자신이 의식할 수 없는 방식으로 자신을 한정하고 또 제한하는 개념적 환경 안에서 살고 있다고 생각한다.

고고학 외에도, 푸코의 새로운 지적 기획에 대한 두 가지 그럴듯한 은유가 있는데, 바로 지질학과 정신분석이다. 사르트르는 지질학의 비유를 제안했고, 푸코는 자신이 제안하는 종류의 역사적 접근에 의해 밝혀진 "퇴적층"(AK, 3)[1]에 대해 말할 때 바로 그 지질학의 비유를 사용한다. 하지만 이 은유는, 우리가 지질학자처럼 사유의 기저 구조에 실제로 도달해서 '직접 볼 수 있다'고 오해하게 할 수 있다. 우리가 실제 접근할 수 있는 것은, 그 아래에 있는 것을 어떻게든 추론해야 하는 표면 효과(언어의 특정한 용도)뿐인데 말이다. 푸코 자신이 강조하는 정신분석의 은유는 우리가 인식하고 있는 언어적 사건의 분석을 통해서만 발견되는 무의식의 일부로서 기저 구조를 올바르게 제시한다. 그러나 정신분석과 달리 푸코의 역사는 해석학적이지 않다. 더 깊은 의미를 되찾기 위해 우리가 읽고 듣는 것들을 **해석**하려 하지 않는 것이다. 푸코의 역사는 텍스트를 다루지만 그것을 기록물(document)로서 다루는 것이 아니라, 고고학자들이 하는 방식으로, 즉 기념물(monument)로서 다룬다.(AK, 7)[2] 다시 말해 지식의 고고학자들은 데카르트의 『성찰』이 의미하는 바(즉 데카르트가 거기서 표현하려고 했던 관념이 무엇인지)를 묻지 않는다. 그들은 오히려 데카르트가 쓴 것, 그리고 유명하건 유명하지 않건 간에 데카르트 당대 사람들이 쓴 것을 단서로, 그들의 사유와 글쓰기를 가능케 했던 체계의 일반적 구조를 짐작한다. 고고학적 은유를 다시 한번 환기해 말해보면, 푸코의 관심은 연구된 특정 대상(텍스트)이 아니라 이 대상이 발굴된 그 현장의 전체 구성에 있다.

모더니즘 아방가르드가 작가 없는 글쓰기를 지향했던 것처럼 푸코의 고고학도 개별 주체 없는 역사를 지향한다. 종종 회자되는 것과는 반대로, 이것은 역사에서 주체를 완전히 배제한다는 뜻은 아니다. 푸코는 결국 **우리** 역사에 대해 이야기하고 있다. 하지만 고고학은 우리가 우리의 역사를 상연하는 무대가, 그리고 물론 대본의 많은 부분들도, 우리의 사유나 행동과는 무관하게 확립된다고 강조한다. 그렇기 때문에 고고학은, 시간의 흐름에 따라 움직이는 개별 주체들에 대해 이야기하는 종래의 역사와 구별된다. 사유의 표준적 역사는 특히 철학자들이나 과학자들, 다른 사상가들이 어떻게 자신들의 핵심 개념들과 이론을 발전시켰고 그것을 후계자들에게 전달했는지에 대해 이야기한다. 푸코가 이러한 '주체-중심적' 설명을 배제하지는 않지만, 그런 설명들은 특유의 왜곡을 발생시키기 쉽다고 지적한다. '주체-중심적' 설명은 역사를 하나의 이야기, 하나의 내러티브로 본다. 이야기나 내러티브는 한 사람 혹은 그보다 많은 사람들의 경험의 관점에서 말해지기 때문에 의식의 연속성과 의식의 목표 지향성을 가정한다. 그래서 역사는 인간의 관심사에 의해 통합되고 인간에게 의미 있는 결론에 이르는 플롯과 더불어 하나의 소설이 된다. 이런 내러티브는 피상적으로는 타당성을 갖는다. 하지만 그런 내러티브가 간과하는 것이 있다. 역사가 연속성과 목적성을 갖는 것처럼 보이는 것은 그릇된 가정 때문일 수 있다는 것이다. 인간의 역사는 그 역사를 체험하는 의식들의 경험과 기획이 주도한다는 그릇된 가정 말이다. 고고학은 우리가 우리 삶에서 읽어내는 연속성과 방향이 거짓임을 보여주는 의식 외부의 요인들을 도입한다.

푸코의 주장을 설명하기 위해 우리의 영광스러운 현재를 향한 점진적 진보 이야기를 들려주는 역사 해석을 생각해보자. 역사에 대한 '휘그주의적' 해석, 그 심하게 오용된 해석 말이다. ('휘그주의적'이라는 말은 매콜리 경의 그 유명한 『영국사History of England』에 스며 있는 휘그당의 이념을 가리킨다.) 반면 20세기 역사가들은 명백한 목적으로서의 우리 자신을 향해서 과거가 지속적으로 진보해왔다고 해석하는 것이 순진하다고 폄하한다. 그들의 대안은 일반적으로, 과거 시대의 역사를 그 고유의 개념과 관심사, 즉 '그것이 그 당시 그들에게 어떻게 보였는가'의 관점에서 이야기하는 것이었다. 하지만 이를테면 엘리자베스 왕조 시대의 역사관이 왜 매콜리 경의 역사관보다 우월해야 하며, 왜 그 두 관점 중 하나가, 엘리자베스 시대의 사유들 중 그 무엇보다도 그들의 역사에 훨씬 더 많은 영향을 미쳤을 수도 있는, 이를테면 생물학적, 기상학적, 또는 지리적 요인의 관점보다 더 많은 특권을 누려야 할까? 이 요인들은 실제로 프랑스의 (학술지 이름에 따라 명명된) 아날학파가 보기에 매우 유익하다고 입증된 접근 방식이었다. 푸코는 『지식의 고고학』 서문에서 아날학파를 매우 긍정적으로 언급하고 있는데, 거기서 그는 아날학파의 방법론을 사유의 역사로 확장하려 했던 자신의 노력을 회고한다.

그러한 확장이 일관적이지 않다고 이의를 제기할 수도 있을 것이다. 엘리자베스 시대의 사상은 분명 그들의 사상사에 결정적이었으니 말이다. 하지만 푸코는 바로 그 자명하다고 주장되는 말에 의문을 제기한다. 이 고고학자는 '엘리자베스 시대 사람들이 사유한 것' 대부분(일반적 의미에서 '그들이 의식적으로 알고 있던 관념들')이 그들의 의식을 상당히 벗어나 있는 요인들의 다소 생경한 결과였을 수 있다고 말한다. 다른 한편 푸코는 마르크스주의나 다른 형태의 사적 유물론의 방식으로 경제적 힘이나 사회적 힘과 같은 외적 힘을 통해 관념들을 설명하는 기획을 추구하지 않는다. 그의 기획은 오히려 인간 사유의 의식적 내용에다 특권적 지위를 부여하지 않으면서 인간 사유를 내적으로 설명하는 것이다. 사상가에게 특권적 역할을 부여하지 않는 사유는 작가에게 특권적 역할을 부여하지 않는 글쓰기와 같다. 그리고 모더니즘 문학의 경우와 마찬가지로 이 기획의 관건은 언어를 사용하는 사람들에게 의존하지 않는 어떤 구조로 이해된 언어다. 이는 푸코의 기획을 이해하는 데 도움이 되는 또 다른 은유를 제안한다. 그것은 우리 언어의 '심층 구조'를 밝히려는 촘스키의 언어학과 비슷해 보인다. 하지만 푸코는 형식적(통사론적 혹은 의미론적) 구조가 아니라, 말해지고 사유된 바의 구체적 내용을 제한하는 구조에 관심을 갖는다. 사유의 '제한'이라는 이 개념은 사유의 고고학에 대한 하나의 최종적인 학문적 은유를 제안한다. 우리의 개념과 경험의 '가능 조건'을 밝히려는 이 노력은 칸트 이래로 수많은 철학들이 갖는 특징이다. 칸트는 이 조건들을 '초월론적'이라 불렀다. 왜냐하면 그것들은 경험적이지도 않고 초월적이지도 않기 때문이다. 경험적이라 함은 인간 삶의 우연한 역사에서 비롯된다는 것이고, 초월적이라 함은 외부로부터 우리에게 부과된 필연적 제약들에서 비롯된다는 것이다. 유한한 인식자라는 우리 상황을 놓고 봤을 때, 우리가 세계에 대한 경험을 할 수 있기 위해서는 오히려 우리의 개념과 경험을 가능케 하는 조건들이 필수적이다. 칸트의 관점에서 볼 때 경험 가능성에 대한 초월론적 조건은, 예를 들어 우리가 대상들을 시간과 공간 안에 존재하는 것으로서, 그리고 인과법칙 등에 종속되는 실체로서 경험할 것을 요구한다. 그런 조건들이 경험에 선행하기 때문에 칸트는 그것들을 (우리의 경험에서 파생되는 '후험적' 진리와 반대된다는 의미로) '선험적'이라 불렀다.

푸코는 때로 자신의 고고학의 기획을 칸트의 언어로 특징짓곤 했다. 한 주어진 시기에서의 사유의 '가능 조건'을 찾고자 했다고 말이다.(OT, xxii)[3] 하지만 칸트에게서 그 조건들이라는 것은 모든 가능한 경험에 보편적으로 적용할 수 있는 필연적 제약이었다. 반면 푸코에게 그 조건이라는 것은 특정한 역사적 상황에 따라, 지식의 시대와 영역에 따라 변한다. 불변하는 종(種)이라는 개념은 18세기에는 생명에 대한 지식을 위한 필요 조건이었지만 20세기에는 그렇지 않았다. 결과적으로 푸코에 따르면 고고학은 상대화된 '역사적 아프리오리(a priori)'로 이어질 뿐, 칸트가 발견해야 한다고 주장했던 진리, 즉 시간과 무관한 절대적이고 선험적인 진리가 아니다. 이 차이는 중대한 것이다. 왜냐하면 보편적 필연성에 대한 칸트의 주장은, 자연과학이나 역사 같은 경험적 연구 방법론을 넘어서는 방법론을 끌어내기 위한 초월론적 기획을 필요로 했기 때문이다. 경험적 연구 방법론을 넘어서는 방법론은 초월론적 논증에 대한 탁월하게 철학적이고 선험적인 방법론을 요구했다. 푸코가 칸트의 용어를 사용할 수는 있으나, 그의 기획은 역사학의 경험적 방법론에서 사용할 수 있는 것 이상의 진리를 추구하지 않는다.

　푸코의 고고학은 과학사가 받아들인 아이디어들에 대한 몇 가지 놀라운 이의 제기로 이어진다. 이를테면 라마르크는 다윈의 진화론을 예견했던 반면, 퀴비에는 오랜 기간에 걸친 점진적 변화를 통한 종의 출현에 단호히 반대했다는 것이 통설이다. 『말과 사물』에서 푸코는 라마르크가 (획득형질유전을 통해) 시간이 지남에 따라 변하는 종을 말하는 반면, 퀴비에의 이론은 종이 영원히 고정된다는 가정에 동의한다. 하지만 그는 이런 상충되는 의견이 보다 근본적인 분열을 은폐한다고 주장한다. 라마르크는 '고전 시대'(대략 1650년부터 1800년까지의 유럽, 특히 프랑스)와 관련된 일반적인 고고학적 틀(푸코의 용어로 '에피스테메') 안에서 작업한다. 푸코의 분석에 따르면, 고전주의적 에피스테메가 자연을 바라보는 관점에서는 시간의 본질적 역할을 허용하지 않는다. 가능한 모든 종류의 생명 존재들은 역사적 발전과 무관하게 미리 결정되어 있으며, 속과 종의 비시간적 표 안에 완전하게 표현될 수 있다. 시간 속에서의 속과 종의 실현이 모든 가능성들의 동시적 실현일 필요는 없지만, 그것들이 출현하는 질서는 속과 종의 표에 명시된 비시간적 관계들과 엄격하게 일치해야 할 것이다. 라마르크는 그러한 연속적 실현 절차를 가정했지만, 서로 다른 시기에 존재하게 된 종들의 차이를 낳는 **역사적 원인**이 있다는 생각은 하지 않았고 또 하지 못했다.

퀴비에는 사실 모든 종이 태초부터 존재했고, 그러므로 역사적 원인에 의해 생성된 것은 아니라고 주장했다. 그러나 라마르크와 달리 그는 고전주의 에피스테메와는 극명하게 대조되는 방식으로, 생명 존재를 본질적으로 역사적인 실체로 간주하며 역사적·진화적 원인을 통한 형성 가능성을 허용했던 (1800년경부터 지배적이었던) 근대 에피스테메 안에서 연구했다. 그러므로 퀴비에가 다윈과 상충하는 것은 실제 일어난 일의 피상적 수준에서뿐이다. 라마르크는 다윈과 유사한 언어적 정식들에는 동의하지만 더 깊은 수준에서는, 그러니까 종이 된다는 것이 무엇을 의미하는지에 대해서는 다윈에게 동의하지 않는다. 18세기 중반부터 19세기 중반 사이 생명 존재라는 것에 대한 유럽의 개념이 근본적으로 쪼개졌다. 이 분할의 한쪽에는 라마르크가, 다른 한쪽에는 퀴비에와 다윈이 있었다. 통상적인 사상사는 개별 사상가의 이론에만 관심을 기울이고 그 이론들의 궁극적 의미를 파악하는 데 필요한 근본적인 고고학적 틀을 무시하기 때문에 이 핵심을 놓치고 있다.

푸코는 『지식의 고고학』에서 고고학을 하나의 역사기록학적 방법론으로 상세하고 명확하게 설명한다. 하지만 이 방법론은 일찍이 1960년대에 쓰인 세 개의 역사, 즉 『광기의 역사』, 『임상의학의 탄생』, 『말과 사물』에서 점진적으로 전개되었다. 이 책들은 특정한 역사적 문제를 다루기 위해 쓰였으므로, 일반 인식론으로서 설득력이 있다고 평가받기보다는, 이 책들의 역사적 결과로 평가받는다. 그리고 학계의 역사가들은 상당히 가혹한 평가를 내렸다. 예를 들어 앤드루 스컬은 그가 적절하게 '영미 전문가들 대부분의 판정'이라고 말한 바를 지지한다. 그가 말하는 그들의 판정은 이렇다. '이 책[『광기의 역사』]은 도발적이고 현란하게 쓰인 산문시지만 가장 불안정한 학문적 토대에 기초하고 있으며 사실상의 오류와 해석상의 오류가 있다.'

역사가들이 푸코의 고고학과 관련해 갖고 있는 문제를 설명하기 위해『광기의 역사』에서의 주요 주장 중 하나를 살펴보자. 푸코에 따르면 17세기 중반에 감금 실천, 즉 광인들을 일반 대중들로부터 분리해 특수 수용시설에 격리하는 실천이 중심적 의미를 갖게 되었는데, 이는 본질적으로 광기를 이성의 거부로 보는 고전주의 시대의 근본적 견해와 연결되어 있었으며, 그러한 관점하에서는 합리적 사회에 광인의 자리는 남아 있지 않았다. 로이 포터는 2002년 사망할 때까지 영어권 국가들의 광기를 다루었던 저명한 역사가로, 영국 특정 지역의 광인 치료 연구들에서 '광인들은 일반적으로 감금되어 있지 않았으며, 교구민들이 지켜보는 가운데 광인들 가족의 책임 아래에 있었다'는 데 주목한다. 일부 광인은 감금됐지만 그 수는 매우 적었다. 19세기 초에 아마 5000명 정도로, 1만 명을 넘지 않았다는 건 확실하다. 포터는 감금이 훨씬 더 19세기적인 현상이라고 말한다. 고전주의 시대에 '광기를 배제하는 실천의 증가는 점진적이고 국지적이었으며 단편적이었다'.('Foucault's Great Confinement'(「푸코의 대감금」), 48)

그러나 포터의 비판은 푸코 고고학의 주요 관심사가 아닌 개인의 신념과 행동에 기초하고 있음에 주목하라. 푸코는 다양한 나라 사람들이 어떻게 생각하고 행동했는지를 경험적으로 일반화하고 있는 것이 아니다. 그는 분명 매우 다양한 신념과 실천의 이면에 깔려 있는 일반적 사고 방식(에피스테메)을 구성하려는 것이다. 에피스테메는 그 에피스테메에 의해 제약을 받는 사람들의 사실적 믿음과 행동들에 틀림없이 반영된다. 그러나 사유의 일반적 구조와 특정한 신념 및 행동이 단순하게 일치하지는 않는다. 내 정신분석가가 내게, 내가 무의식적으로 여성들을 혐오하고 있다고 말한다고 치자. 매주 어머니께 전화드리고 결혼 기념일도 절대 잊지 않는다고 진실하게 주장한다 해도 그녀의 말은 반박되지 않는다. 내 행동 방식의 특정한 전형적 사례들(paradigm cases)에서 여성에 대한 깊은 적대감이 나타난다는 것도 여전히 사실일 수 있으니 말이다.

이와 유사하게 감금도—다른 시간 다른 지역에서 감금의 규모에 관한 세부 사항이 어떠하든 관계없이—광기에 대한 독특한 고전주의적 사고방식을 나타낼 수 있다. 이는 푸코의 주장이 반증 불가능하다고 말하는 것이 아니다. 그러나 그것은 일반적인 해석적 가설로서 검증될 필요가 있다. 방대한 양의 데이터를 전반적으로 이해하고 새로운 탐구 영역을 제안한다는 데서 그 성과를 평가받아야 한다는 것이다. 단 하나의 반례로 반박당할 수 있는 '모든 까마귀는 검다'와 같은 실증적 일반화로 판단해서는 안 된다.

　마지막으로, 우리는 앞서 3장에서 논의한 푸코 작업의 정치적 지향과 고고학이 어떤 관계를 맺고 있는지 궁금해할 수 있다. 언어의 추상적 구조를 강조하는 고고학은 정치권력의 현실과 거의 관련이 없고, 푸코가 계보학적 방법을 발전시킨 1970년대에 와서야 정치권력의 현실이 푸코의 작업에서 명백한 주제로 떠오른 것처럼 보일 수도 있다. 그러나 고고학에 그 자체로 정치적(이고 윤리적)인 잠재력이 없는 것은 아니다. 이 잠재력은 우리 자신의 사고방식에서 발견되는 필연성에 도전하는 대안적 사고 방식을 제시하는 능력에서 비롯된다. 여기서 푸코의 고고학적 분석이 우리[서구] 문화에 근본적으로 낯선 문화가 아니라는 것이 중요하다. 그는 보르헤스가 신화적인 어떤 '중국 백과사전'으로부터 끌어낸 동물 유형의 분류('황제에게 속한 것', '방부 처리된 것', '길 잃은 개', '현재 분류에 포함된 것', '셀 수 없는 것', '멀리서 보면 파리처럼 보이는 것')에 관한 저 유명한 인용으로 『말과 사물』을 시작한다. 이 인용문은 고고학이 우리와 근본적으로 다른 사고방식('**그것**을 생각하는 것은 완전히 불가능하다'(OT, xv)[4])을 제시했을 때의 우리의 반응을 잘 잘 대변한다. 그러나 푸코의 고고학이 보여주는 불가능성은 접근 불가능할 만큼 먼 [가상의] 중국에서 끌어오는 것이 아니라 비교적 최근의 우리 서구 문화인 16~18세기 유럽에서 비롯된 것이다.

그러므로 고고학은 명백히 '불가능한' 사고방식, 그러나 그리 멀지 않은 과거의 지적 조상들에게는 틀림없이 가능했던 사고방식을 보여준다. 예를 들어, 우리는 광기를 '정신질환'으로 여기는 것을 대체할 만한 다른 합리적 대안은 없다고 믿지만, 푸코의 고고학이 보여주는 바에 따르면, 현대 과학 세계의 '아버지들'인 데카르트와 라이프니츠 같은 사람들도 불과 200년 전에는 광기를 완전히 다른 방식으로 사유했었다. 이러한 제시는 우리의 개념과 신념의 기초를 이루는 틀이 필연적이지 않을 수 있다는 사실, 다만 우리가 그것에 임의로 그런 필연성을 부과했다는 사실을 암시하면서 은연중에 그것을 불안정화하는 효과가 있다. 이러한 개념이 윤리적이고 정치적으로 논쟁을 유발하는 실천들(이를테면 미친 사람에 대해 우리가 행하는 치료, 현대 의료 실천의 체계, 우리의 근대 사회과학들, 이것들 각각은 푸코의 세 고고학적 연구 주제들이다)에 기반해 있는 것이라면, 고고학은 분명 언어적 추상화에 대한 중립적 기술(記述)에 불과한 것이 아니다.

제 5 장

계보학

　푸코가 계보학이라는 말을 사용할 때 그 용어는 그가 니체
에게 연결되어 있다는 것을 분명히 보여주는 것이므로, 처음
부터 우리는 푸코가 '니체주의자'라는 사실이 무엇을 의미하
는지 알고 있어야 한다.

　나는 헤겔이나 말라르메에 대해 쓰인 것과 같은 종류의 주석을
만들어내기 위해서만 [니체를] 연구하는 사람들한테 질려버
렸습니다. 나는 내가 좋아하는 작가들을 활용하는 걸 더 좋아
합니다. 니체의 것과 같은 사상에 유일하게 유효한 찬사는, 그
것을 사용하고 변형하고 신음하게 하고 항의하게 하는 것뿐입
니다. 그리고 주석가들이 내가 니체에게 충실하다거나 불충실

하다고 말하는 건 전혀 중요하지 않습니다.

(P/K, 'Prison Talk'(「감옥 이야기」), 53 – 4)[1]

　이러한 명백한 진술에도 불구하고, 푸코에 대한 주석가들은 일반적으로 그의 계보학 개념이 니체의 계보학 개념과 거의 동일하다고 상정했으며, 특히 「니체, 계보학, 역사」에서 푸코가 니체의 개념을 면밀하게 텍스트적으로 분석한 것을 가지고, 역사적 방법론으로서의 계보학이 무엇인지에 대한 자신의 견해를 푸코가 결정적으로 표현했다고 상정했다.

　그러나 이 논고는 사범학교에서 푸코의 스승이었던 장 이폴리트를 기리는 기념 출판물을 위해 작성된 것으로, 푸코가 그의 옛 스승을 위해 자주 썼던 것과 같은 우아하고 겸손하며 세심한 '텍스트 해석'으로서 제시된 것이다. 이 논고는 계보학에 대한 니체의 관점을 꼼꼼하게 요약하고 있지만, 그 관점의 타당성에 대해서 푸코가 자기 목소리를 내는 부분은 거의 없다. 이러한 이유로 푸코 자신이 이 논고의 모든 표명들을 지지한다고 단순하게 상정할 수는 없다. 어떤 면에서 푸코가 제시하는 입장은 분명 자신의 입장이 아니다. 예를 들어 그는 니체가 사상사의 주요한 원동력으로서 주체의 감정과 의도(학자의 경쟁, 지배계급의 발명, 'Nietzsche, Genealogy, History'(「니체, 계보학, 역사」)[2], EW II, 371)를 언급하는 것에 동의하지 않는

다. 19세기의 타락이 인종의 혼합 때문이라는 주장에도 역시 동의하지 않는다.(EW II, 384)[3]

더욱이, 나중에 논의하겠지만, 역사적 방법이나 그 밖의 것들에 관해 푸코가 일반 이론처럼 제시하는 것을 특정 목적을 위한 도구 이상으로 받아들이는 것은 늘 위험하다. 어쨌든, 『지식의 고고학』에서 제공하는 상세하고 회고적인 방법론적 분석에 대응하는 계보학적 분석은 없다. 따라서 푸코의 산발적이고 늘 일관적이지는 않은 방법론적 선언이 아니라, 주로 푸코의 역사적 실천을 통해 계보학에 접근하는 것이 특히 이치에 맞다. 이러한 접근 방식을 취할 때 가장 먼저 눈에 띄는 것은 푸코의 저작에서 계보학적 방법이 명확하고 일관되게 사용된 것은 단 한 번뿐이었다는 것이다. 바로 감옥의 역사를 다룬 『감시와 처벌』에서다. 『성의 역사 1』은 일반적으로 또 다른 계보학적 연구로 인용되지만, 이 책은 완결되지 못한 일련의 상세한 계보학적 연구에 대한 일반적 소개에 불과하다는 것을 기억해야 한다. 『성의 역사 1』 자체는 이러한 전체 연구가 어떠할 수 있는지에 대한 몇 가지 소묘를 제공할 뿐이다. 푸코는 또 때로 고대의 성 현상에 관한 그의 마지막 책 두 권을 계보학으로서 언급하기도 한다. 그러나, 앞으로 보게 되겠지만, 이것은 그 책들의 역사적 분석 방식보다는 그 윤리적 의도와 훨씬 더 관련되어 있는, 매우 약화된 의미에서만 그렇다.

그렇다면『감시와 처벌』의 역사적 방법론은 무엇인가? 우리가 첫 번째로 주목해야 할 것은 그 방법론이 여전히 상당히 고고학적이라는 것이다. 예를 들어, 푸코는 감금을 통한 형벌이라는 근대 특유의 테크닉을 보여줄 때,『지식의 고고학』에서 구분한 고고학적 분석의 네 주요 범주의 측면에서 그것을 보여준다. 감금은 비행자(非行者)들을, 범죄자(Criminal character)라는 특유의 **개념**들로 특징지어지는 새로운 종류의 **대상**들로 만들어낸다. 게다가 감금은 다양한 권위의 양식(판사의 권위, 가석방 위원회의 권위, 범죄학자의 권위)과 대안적인 **전략적 행동 방식들**(이를테면 수감자들을 다룰 때 고독과 노동을 이용하는 다양한 방식)을 구별한다. 그러나 여기서 고고학적인 네 주요 범주는 언어에만 적용되는 것이 아니라, 그 대상에 물리적 변화를 일으키기 위한, 단순한 언어적 표현을 넘어서는 실천에도 적용된다. 그러므로『감시와 처벌』은 우리가 이 세상을 알기 위해 사용하는 언어(고고학으로 분석될 수 있는 언어)와 관련된 것일 뿐 아니라 이 세상을 변화시키는 권력과 관련된 것이기도 하다.

고고학은 (언어적이든 그렇지 않든) 어떤 실천의 기초가 되는 개념 체계를 설명할 수는 있지만, 어떤 실천의 효과들을 설명하는 데는 적합하지 않다. 고고학은 인과적, 통시적 방법이 아니라 구조적, 공시적 분석 방식이다. 푸코는『말과 사물』

의 영역본에 붙인 서문에서 이러한 한계에 대해 논의한다. 거기서 그는 한 체계에서 다른 체계로의 변화를 **설명**하려는 시도 없이 사고 체계에 대한 **기술**(記述)에 스스로를 제한했다고 지적한다. "시대정신이라든지 다양한 종류의 기술(技術)적 또는 사회적 영향 같은 전통적 설명은 대부분 효과적이기보다는 마술적이라는 생각이 들었다." 하지만 푸코는 이 시점에서 그것들의 대안으로 내놓을 만한 설명이 없었기 때문에 "인정하건대, 남들 앞에 내놓을 수 없다고 느껴지는 해결책을 밀어붙이는 것은 (…) 현명하지 않을 것"이라고 생각했다. "그래서 나는 원인의 문제를 한쪽으로 치워두었다. 대신 나는 변환 자체를 기술하는 데 머무르기로 했다. 언젠가 과학적 변화와 인식론적 인과관계에 대한 이론이 구성되어야 한다면, 이것이 필수적인 단계가 될 것이라 생각하면서 말이다."(OT, xiii)

『감시와 처벌』을 쓰던 무렵, 푸코는 고고학을 보완하기 위한 인과적 설명의 적절한 방법으로 생각해뒀던 것이 있었다. 그가 계보학이라고 부르는 것이었다. "이 책은 (…) 현재의 과학적–사법적 복합체의 계보학을 목표로 쓰였다."(DP, 23)[4] 『말과 사물』을 쓰고 나서 그는 무엇을 발견했던 것일까?

첫 번째 발견은 생각의 변화 자체는 생각의 산물이 아니라는 것이다. 이는 푸코가 초기에 '시대정신'이나 그와 비슷한 유사 헤겔적인 역사 설명 방식들, 이를테면 집단 무의식 같은 것을 거부했던 것과 상응한다. 그러나 역사가들의 통상적인 물질적 설명 방식, 그러니까 기술(技術)적 영향이나 사회적 영향의 측면에서 설명하는 방식 역시 푸코에게 만족스럽지 않기는 마찬가지였다. 인쇄술의 발명, 부르주아지의 부상 등은 전형적으로 모호하고 일반적인 원인으로, 그에 상응하는 정도로 모호하고 일반적인 목표라고 할 수 있는 민주주의나 세속주의를 향해 나아가는 것을 역사라고 본다는 정도까지만 설명할 수 있을 뿐이다. 푸코는 목표에 초점을 맞춘 그런 목적론적 내러티브에 회의적이었기 때문에, 대신 전체적인 결과를 고려하지 않고 서로 독립적으로 작동하는 수많은 '소소한' 특정 원인들을 기반으로 하는 설명을 제안했다. 그러한 접근 방식에서 우리는 예를 들어 '인쇄술의 발명'이 아니라 신문과 잡지의 생산 및 배포와 관련해 발달한 것들의 복합적인 전체(새로운 종류의 인쇄기, 보도 스타일, 종이 제작법, 구독 제도 등등)에 대해 논의할 수 있다. 이것들은 차례로 광범위하고 서로 다른 범위의 사회적이고 경제적이며 정치적인 효과들을 가질 것이다. 또는, 푸코 자신의 예를 인용하면, 『감시와 처벌』에서 그는 다른 그 무엇보다도, 새로운 종류의 소총의 발명, 병원 공간을 더 효율적으로 구성하는 방법들, 어린이들에게 글씨 쓰는 법을 교육하는 방법론에서의 변화들이 모두 근본적으로 새로운 사회 통제 시스템의 형성에 무의식적으로 기여했다는 것을 보여준다.

마지막 발견은 이렇다. 이러한 다양하고 구체적인 원인들이 대상으로 삼는 것이 바로 인간의 신체다. 우리의 역사를 추동하는 힘들은 우리의 생각이나 사회제도에 작용하는 것도 아니고, 심지어 우리의 환경에 작용하지도 않는다. 그 힘들은 우리 개인의 신체에 작용한다. 그러니 예를 들어 18세기의 형벌이 낙인 찍기, 사지 절단 처형처럼, 신체에 대한 폭력적 공격과 관련된 것인 반면, 19세기의 형벌은 감금, 질서 정연한 집합, 강제 노동이라는, 외관상으로는 더 온화하지만 신체와 관련된 것이기는 마찬가지인 형태를 취한다. 수감자들은 '온순한 신체'를 생산하도록 고안된 고도로 구조화된 통제를 받는다. 따라서 푸코의 계보학은 물질적이고 복합적이며 신체적인, 역사적이고 인과적인 설명이다.

푸코의 계보학은 그렇다면 니체적인가? 실은 푸코 자신도 그렇지만, 니체는 계보학에 대한 많은 기획적 발언들을 내놓는다. 그 발언들이 다 일관된 것은 아니지만 말이다. 그리고 개중에 푸코의 실천의 주된 요소들과 일치하는 구절을 찾을 수 있다. 예를 들어 니체(도판 6)는 어떤 사상이나 실천의 유래(Herkunft, 혈통 또는 가계)를 추적하는 관점에서 계보학에 대해 이야기한다. 이는 신체에 대한 푸코의 강조와 연결된

도판 6. '성 삼위일체': 루 살로메, 파울 레, 프레드리히 니체, 1882년 5월.

다. 또 비슷하게, 니체는 계보학을 관념론적으로 제시하기보다는 자연론적으로 제시하는데, 특히 도덕을, '우연한' 작은 원인들에서부터 발생한 우발적 현상으로서 설명한다. 그러나 사실 니체가 그의 『도덕의 계보』에서 전개했던 가장 완성도 높은 계보학은 푸코가 『감시와 처벌』에서 착수했던 기획과는 매우 다르다. 우선, 니체의 역작에는 푸코의 책에서 보이는 것과 같은 주도면밀한 박학도 없고 문서를 통해 증명될 수 있는 세부 사항도 전혀 없다. 『도덕의 계보』는 기록물들을 진지하게 연구해서 만들어낸('머리가 세도록 꼼꼼하고 참을성 있게 문서를 뒤진'('Nietzsche, Genealogy, History', EW II, 369)[5]) 것이 아니라 박식한 아마추어가 안락의자에 편히 앉아 사변적으로 만들어낸 것이다. 더 중요한 것은 니체의 계보학이 심리적 원인(강한 자의 교만과 야망, 약자의 원한[르상티망ressentiment], 사제들의 악의적인 기발함)과 함께 작동한다는 것인데, 이는 푸코가 말하는 신체의 역사와는 거의 무관하다. 푸코는 니체와는 달리, 소크라테스의 나약함과 바오로의 원한을 계보의 핵심 원인들로 배치하지 않는다. 게다가 니체에 따르면 그리스도교는 우리가 도덕이라는 말로 의미하는 바의 주된 원천으로서, '저세상'을 위해 이 세상을 포기하라고 끈질기게 요구하는 전면적이고 독단적인 주장이다. 단순히 역사적 방법론의 차원에서 보자면 니체와 푸코의 계보학은 상당히 다르다.

그럼에도 불구하고 푸코는 근본적인 측면 하나에서만큼은 철저하게 니체적이다. 푸코 역시 비판적 의도를 가지고 계보학을 사용한다는 사실이다. 니체는 계보학을 사용해 우리가 가장 우러르는 제도들과 실천들이 "인간적인, 너무나 인간적인" 것들이었음을 보여주었다. 푸코의 계보학 역시 한 사회의 제도들과 실천들의 진짜 기원을 보여줌으로써 그 사회의 자기이해와 관련된 공인된 의미들과 평가들을 해체한다. "역사의 시작들은 하찮다. 비둘기의 걸음처럼 겸허하고 소박하다는 의미에서가 아니라, 가소롭고 아이러니하다는 의미에서, 그래서 모든 자만심에 찬물을 끼얹을 수 있다는 의미에서 그렇다."(EW II, 372)[6] 어떤 것의 계보를 제공한다는 것은 "우리에게 가치 있고 영속하는 것을 낳는 우연, 미세한 일탈, 혹은 반대로 완전한 역전, 즉 오류, 허위 감정, 잘못된 계산을 식별하는 것이다".(EW II, 374)[7] 이 인용문들은 니체에 대한 푸코의 설명이지만 이 경우에는 푸코 스스로를 대변하는 것이기도 하다.

계보학을 이렇게 비판적으로 활용하는 것은, 유전학적 오류에 빠져서 하찮은 기원으로부터 어떤 것의 가치 없음에 이르기까지 논쟁하는 것처럼 보일 수도 있다. 니체가 옳다고 가정해보자. 도덕이 '혐오스럽고 가증하고 편협한 결론, 즉 Pudenda origo[부끄러운 기원―저자]'(Dawn, #102; 다음에서 인용됨. EW II, 370[8] [『우상의 황혼』, #102])로부터 비롯된다는 것 말이다. 그것이 어떻게 도덕의 권위 없음을 증명하는가? 혹은 왜 니체의 다음과 같은 제안에 따라, 우리가 '하등' 동물로부터 진화해왔다는 사실을 인간 존엄성의 훼손으로 여겨야 하는가? '우리는 인간의 신성한 탄생을 보여줌으로써 인간의 지상권에 대한 느낌을 일깨우고자 했지만 이 길은 지금 막혀 있다. 그 입구에 원숭이 한 마리가 서 있기 때문이다.'(Dawn, #49; 다음에서 인용됨. EW II, 372[9] [『우상의 황혼』, #49])

그런데 계보학자는 기원의 문제를 도입하는 자가 아니다. 기원의 문제를 도입한다는 것은, 예를 들어 하느님이 시나이산에서 모세에게 십계명을 넘겨줬으므로 십계명이 도덕적 권위를 가졌다고 하거나, 여성의 생물학적 본성에 따라 여성의 종속이 요구된다고 하는 것이다. 진화라는 사실은 인간의 존엄성을 부인하진 않지만, 앞서 니체의 인용문에서 알 수 있듯, 인간의 존엄성이 신에 의한 인간의 직접적 창조에 근거하고 있다는 주장을 훼손하는 데 도움을 줄 수는 있다. 계보학적 비판은, 그 기원에 근거해 기존 권위를 뒷받침하려는 노력을 지향하는 것으로서의 유전학적 오류를 피할 것이다. 계보학은 필연적이라고 말해지는 것의 우연성을 드러낸다는 푸코의 주장에는, 계보학에 대한 이러한 이해가 함축되어 있다.

여기에서 (신성한 의지, 인간 본성 또는 초월론적 가능 조건들로부터) 필연성은 관행과 제도를 그 특권적 기원의 관점에서 정당화하려는 모든 노력들이 속하는 일반적 범주다.

푸코는 계보학의 가치 지향을 "현재의 역사"(DP, 30-1)[10]라고 요약한다. 두 가지 의미에서 그렇다. 첫째, 이 역사의 주제는 우리에게 권위를 주장하는 현재의 규칙, 실천, 또는 제도의 기원이다. 둘째, 이 역사의 1차적 의도는 과거를 과거 그 자체의 관점에서, 혹은 과거 그 자체를 위해 이해하는 것이 아니라, 특히 정당하지 않게 권위를 주장하는 것을 실추시킬 목적으로 현재를 이해하고 평가하는 것이다. 현재의 역사라는 생각을 옹호하는 자로서의 푸코는 니체 옆자리에 확고하게 버티고 서 있지만, 그들이 역사를 다루는 방법이 동일하다는 주장은 니체에게 고유한 실천을 "왜곡"하고 "그것이 투덜대며 항의하게" 할 것임에 틀림없다.

푸코의 계보학이 명백히 니체를 떠올리게 만드는 또 다른 중요한 영역이 있다. 바로 지식과 권력이 밀접하게 관련되어 있다는 주장이다. 이 주장은 생각의 변화가 생각 자체에서 기인한 것은 아니라는 푸코의 기본적인 통찰, 즉 생각들이 바뀔 때 그 원인은 개인의 행동을 통제하는 사회적 힘들이라는 통찰을 발전시킨 것이다. 특히 지식에 대한 푸코의 고고학적 관점을 고려할 때, 권력은 우리 지식의 기저에 놓인 근본적인 고고학적 틀(에피스테메 또는 담론 형성)을 변형시킨다. 푸코는 여기서, 극단적으로 지식을 권력으로 환원하는 것('A는 p를 안다'와 '사회적 힘이 A로 하여금 p를 받아들이도록 강제한다'의 동일시)과 지식과 권력의 본질적 독립성을 주장하는 것('A는 p를 안다'가 의미하는 것은, 'A'가 p를 받아들인 것과 모든 사회적 힘은 인과관계상 서로 무관하다는 유토피아적 주장) 사이의 입장을 분명히 밝힌다. 안다는 것은 단순히 권력의 영향을 받는 것이 아니다. 푸코가 언젠가 권력과 지식에 대해 말했듯, "내가 권력과 지식의 관계에 대해 질문을 던졌다는 바로 그 사실이, 내가 그 둘을 **동일**시하지 않는다는 것을 분명히 증명한다".('Critical Theory/Intellectual History'(「비판 이론/지성사」), 43)[11] 다른 한편, 안다는 것이 권력 관계로부터의 완전한 도피를 수반하는 것도 아니다.

　게다가 푸코는 권력이 지식을 제약하거나 제거하기만 하는 것이 아니라 지식을 생산하는 긍정적[실정적]인 인식적 역할을 한다고 주장한다. 예를 들어 고전 경제학은 자본주의 사회경제체제의 산물이다. 이 체제는 그 기원으로 인한 명백한 한계에도 불구하고 자본주의 없이는 존재할 수 없는 독특한 지식 체계를 수립했다.(AK, 186)[12] 게다가 지식은, 지식을 발생시키는 권력 구조에 변형을 가하는 힘을 가질 수 있다. 특정 지식 체계, 이를테면 어떤 민족의 역사에 근거해 정당성을 주장하는 정부는, 바로 그 사실들에 근거한 이의 제기에 직면할 수 있다. 초기 유대 국가에 대한 성서적 주장을 지지하는 것으로 혹은 약화시키는 것으로 해석될 수 있는 새로운 고고학적 발견이 이스라엘에서 갖는 정치적 의미에 대해 생각해보면 될 것이다.

권력과 지식이 밀접하게 연결되어 있다는 생각은 곧바로 힘에의 의지 개념을 떠올리게 한다. 니체는 힘에의 의지라는 모호하고 논쟁적인 개념을 순수하고 객관적인 지식을 표현한다고 주장하는 사유 체계(이를테면 플라톤 철학, 그리스도교 신학)의 원천으로 제시했었다. 니체의 힘에의 의지 이야기는 때로 형이상학적 이론화의 맥락을 갖는데, 푸코는 이에 동조하지 않는다. 그러나 그는 사심 없는[객관적인] 증거와 논증의 힘에만 근거한다고 자부하는 과학, 종교, 그리고 여타의 인식들이 갖는 권위 뒤에 도사리고 있는 힘을 찾아내는 니체의 테크닉에 분명 감명받았고, 그 테크닉을 채택했다.

하지만 권력이 진정한 지식을 생산할 수 있다는 생각과 관련해 푸코가 니체에게 상당한 빚을 지고 있다는 생각이 그렇게까지 분명한 것은 아니다. 「니체, 계보학, 역사」는 적어도 니체 계보학의 부정적 결과들만을 고려한다. 푸코가 독서하는 한, 니체에게 권력은 언제나 폭력이다. 인간은 규칙 체계들, 이를테면 (사회적인 규칙 그리고 아마 인식론적인) 규칙도 확

립하지만, 이는 단지 폭력적 지배를 위한 수단일 뿐이라는 것
이다.

> 인간성이란 그것이 보편적 호혜성에 도달하여 결국 법률의 지
> 배가 전쟁을 대신하게 될 때까지 전쟁과 전쟁을 거듭하면서 점
> 진적으로 진보하는 것이 아니다. 인간성은 자기의 폭력수단들
> 각각을 규칙들의 체계로 승격시키며, 따라서 지배로부터 지배
> 로 진행한다.
>
> ('Nietzsche, Genealogy, History', EW II, 378)[13]

어떤 지식 체계에서든 본질적 부분을 이루고 있음에 틀림
없는 해석은, 푸코가 바라보는 니체에게 "규칙 체계의 폭력적
이거나 은밀한 전유다. (…) 방향을 부여하기 위한, 새로운 의
지에 굴종시키기 위한, 새로운 게임에 참여하도록 강요하기
위한 전유 말이다".(EW II, 378)[14] 폭력과 지배로만 표현되는
권력이 어떻게 지식을 생산할 수 있는지 알기 어렵다.

반면 우리는 권력이 지식을 생산할 수 있다는 생각은 타당
하지 않아 보인다고 여길 수도 있다. 그러한 의심은 객관적이
고 상대화되지 않는 진실에 푸코가 여지를 주지 않는다는, 비
판일 때도 있고 칭찬일 때도 있는 끈질긴 주장의 기초가 된
다. 만약 내가 믿는 모든 것이 내 사회의 권력 구조에 의해 결

정된다면, 내 신념이 그 사회의 기준과 무관할 경우, 어떻게 그것이 타당성을 가질 수 있을까? 객관적 진리에 대한 옛날식의 억압적 관념을 버렸다고 푸코를 칭찬하는 사람들도 있지만, 그러한 입장이 자기 논박적이라는 비평가들의 주장이 훨씬 더 적절한 것 같다. 모든 신념이, 그 신념들이 기원한 권력 체계에 대해서만 유효하다면 푸코의 상대주의적 주장 자체는 기껏해야 제한된 타당성만을 가질 뿐이다. 푸코가 종속되어 있는 동일한 권력 체제에 우리도 종속되어 있다면 우리는 이미 그의 입장을 받아들였을지 모르겠다. 그러나 그렇지 않다면, 그것은 우리와 무관하다.

그런데 그 권력이 진정한 지식을 생산할 수 없다고 생각하는 이유는 뭔가? 물론 권력관계에 의한 믿음의 인과적 생산 때문에 지식의 가능성 그 자체가 부정당하는, 이를테면 세뇌와 같은 친숙한 사례가 있다. 만약 당신이 수면 박탈과 감각 기관들의 교란을 통해 나로 하여금 당의 목적이 선하다고 믿게 만들었다면, 설령 그것이 사실이더라도 나는 그걸 안다고 말할 수 없다. 그렇다고 해서 거기에 진정한 지식을 생산할 수 있는 훈련 및 지도, 말하자면 교육이라 부를 수 있는 형태가 없다는 뜻은 아니다. 확실히 이것은 아이들이 수학적, 역사적, 도덕적 지식의 기초에 입문하는 방법이다. 우리가 자라나면서 우리가 배운 것들 중 어느 정도는 반성적 평가의 대상이 되지만 확실히 우리가 믿는 것의 상당 부분은 사회적 조건화의 결과로 남아 있다. 물론 그런 예시들은 개인의 의식적 인식의 수준(푸코의 용어로는 인식connaissance)에 있는 것이고, 푸코가 관심 있어 하는 것은 지식의 고고학적 구조 아래에 놓여 있는 지식(savoir)이다. 그러나 두 경우 모두에서 그 원리는 동일하다. 인식하고 있는 상태는 권력의 효과라는 그 단순한 사실 때문에 지식의 영역에서 그 인식 상태가 배제되는 것은 아니다. 권력과 지식은 논리적으로 양립 가능하다.

　이 일반적 방어에 대해 우리가 어떻게 생각하든, 푸코가 그것을 정말로 필요로 하는지는 분명치 않다. 급진적 상대주의와 회의론으로 이어지는 일종의 이론적 일반화에 그는 결국 관심이 없다. 이따금씩 경솔한 보편적 주장을 하지 않는 것도 아니지만, 그럼에도 불구하고 그는 전면적 회의주의가 아닌 국부적 회의주의에만 전념한다. 그의 기획은 인식이 갖는 권위에 대한 아주 구체적인 주장들, 대략적으로 말해 심리학자들과 사회학자들이 만든 주장들에 의문을 제기하는 것이다(그렇다고 그들의 모든 주장에 대해서 그러는 것은 아니다). 그는 다른 많은 영역, 이를테면 수학, 물리학, 화학 그리고 대부분의 생물학과 별문제 없다. 그러므로 그의 계보학은 특정 학문들이 주장하는 인식의 권위를 의심해봐야 할 이유들을 제시하는 것이지, 그런 주장이라면 뭐든 다 의심해야 한다는 것은 아닐 것이다. 그의 계보학은 정신의학이나 범죄학에, 그 학문을 '의심스러운 학문'으로 만드는 특별히 잘못된 뭔가가 있음을 보여주는 것 같다. 곧 보게 되겠지만, 바로 이것이 그의 계보학이 하는 일이다.

제 6 장

복면 철학자

푸코의 정체성을 규정하는 것은 대체로 어렵다. 그는 때에 따라 자신이 철학자임을 인정하기도 하고 부인하기도 한다. 그는 '철학자'의 견해를 제시하는 시리즈의 인터뷰에 동의했을 때 익명을 요구했으며 자신을 '복면 철학자'로 소개했다.('The Masked Philosopher'(「복면 철학자」), EW I, 321-8[1])

관료들은 푸코가 철학자라고 확신했다. 그는 해당 주제와 관련해 (최고 수준인 국가 박사 학위 포함) 석사 이상의 학위들을 갖고 있었으며 여러 학교 철학 학부에서 교수로 재직했다. 그렇다면 그 자신의 ―그리고 우리의―양가성은 무엇 때문일까?

'X는 철학자인가?'라는 질문에 대한 흥미로운 답을 찾으려면, 전형적인 철학적 활동의 예시들이 가장 쉽게 제공해줄 수 있는 관련 맥락을 살펴봐야 한다. 푸코는 소크라테스가 독당 근즙을 마신다는 의미에서, 디오게네스가 한낮에 램프를 들고 찾아 헤맨다는 의미에서, 데카르트가 방에서 명상한다는 의미에서의 철학자인가? 우리 시대 철학자의 패러다임은 칸트다. 그는 철학을 자율적인 이론적 기획으로 확립했다. 철학은 이제 고대인에게서처럼 삶을 인도하는 지혜도 아니고, 중세인에게서처럼 신학의 시녀도 아니다. 데카르트와 그 외 다른 초기 근대인에게서처럼 세계에 대한 새로운 과학적 설명의 일부도 아니다. 칸트에서, 적어도 위대한 3대 비판서 저자로서의 칸트에서 철학은 물리학이나 수학 같은 다른 학문 분과들과 더불어, 자기 고유의 이론적 목표, 방법 및 탐구 영역을 가진 하나의 학문 분과로 나타난다. 그 결과 철학은 고등교육을 받았더라도 전문가가 아니라면 접근하기 어려운 기술적이고 전문적인 주제가 되었다. 예를 들어 매콜리 경은 플라톤, 데카르트, 흄과 관련해서는 아무 문제가 없었지만, 철학자라면 누구나 읽어야 하는 책이라고 리처드 로티가 말했던, 칸트의『순수이성비판』만큼은 읽을 수 없었다고 불평했다.

그러니 다시 제대로 물음을 던져보자. 푸코는 근대적이고 칸트적인 의미에서의 철학자인가? 관료들의 기준에 따르면 그는 적어도 이런 의미에서의 철학자로서 훈련받고 인증받았다. 그런데 그의 작업은 실제로 근대적인(칸트적인) 철학적 기획에 기여했을까?

여기서 우리는 푸코가 사망한 1984년에 발표된 「계몽이란 무엇인가?」[2]라는 제목의 에세이에서 칸트와 근대 철학에 대한 그의 논의를 살펴볼 수 있다. 늘 그렇듯 푸코는 3대 비판서 같은 칸트의 '주요' 작품이 아니라, 칸트 역시 'Was ist Aufklärung(계몽이란 무엇인가)'이라 불렀던 "아마도 사소한 텍스트"(EW I, 303)[3]를 자신의 시금석으로 삼는다. 푸코는 근대 철학이 칸트의 물음인 "계몽이란 무엇인가?"에 답하려는 노력으로 정의될 수 있다는 말로 이 논고를 시작한다.

그런데 이 질문이 의미하는 것은 무엇일까? 계몽은 지적 권위, 종교적 권위, 정치적 권위 등의 전통적 권위가 부과한 제약들로부터 인류를 해방하기 위한 이성의 사용을 지향하는 근대 특유의 운동이었다. 자신의 논고에서 칸트는 계몽의 핵심은 타인들의 권위를 받아들이지 않고 대담하게 스스로 생각함으로써(sapere aude) '미성숙'을 극복하는 것이라 했다. 푸코는 칸트가 드는 세 가지 예를 이렇게 요약한다. "책이 우리의 이해[오성]를 대신할 때, 영적 인도자가 우리 양심을 대신할 때, 그리고 의사가 우리를 위해 우리 식단을 결정할 때, 우리는 '미성숙' 상태에 있다."(EW III, 305)[4]

스스로 생각한다는 것은 추론한다는 뜻이다. "사실 칸트가 기술(記述)하는 계몽은 인류가 어떤 권위에도 굴복하지 않고 자신의 이성을 사용하려 하는 순간이다." 칸트는 이성을 비판하고자 하는 자신의 철학적 기획을 계몽의 필요조건으로 이해한다. 요컨대 "바로 이 순간 비판이 필요하다. 이성의 사용이 정당화되는 조건들을 정의하는 것이 비판의 역할이기 때문이다".(EW I, 308)[5] 비판이 정의하는 것은 바로 이성의 적절한 활용을 한정하는 조건들이다. 예를 들어 칸트는 그의 첫 번째 비판서인『순수이성비판』에서 이론적 이성은 우주의 기원이나 영혼의 불멸 같은 "한계 물음"에 정당하게 적용될 수 없다고 주장했다.

하지만 계몽에 대한 칸트의 논의에서 푸코가 독특하고도 중요하다고 여기는 것은 이성에 대한 그의 비판의 세부 사항이 아니라, 그가 "자신의 기획의 동시대적 지위"(EW III, 309)[6]에 대해 성찰하고 있다는 사실이다. 동시대의 철학이 역사의 일반적 틀, 예를 들어 밝은 새 미래의 전조나 황금시대로부터의 퇴보라는 틀에 들어맞는지 여부는 문제가 아니다. 문제는 그저 우리가 철학을 수행하는 방식이 왜 이전 방식과 다르냐다. 푸코는 이것이 새롭고 중요한 발전이라고 주장한다. 영원한 물음들이 아닌, 우리의 현재 상황이 갖는 독특함에 관한 물음에 철학의 초점을 맞추는 것이다.

그렇다면 우리의 현재 상황이 갖는 독특함이란 무엇일까? 이 질문에 답하기 위해 푸코는 계몽을 이야기하는 칸트에서 현대성을 이야기하는 보들레르로 논의를 옮겨간다. 계몽은 근대 특유의 특징이기 때문에 어떤 의미에서 이것은 단지 새로운 용어로의 이동일 뿐이고, 칸트의 도덕적 관점과 정치적 관점으로부터 보들레르의 미학이라는 새로운 예시로의 이동일 뿐이다. 하지만 사실 이러한 변화는 푸코가 우리의 상황과 칸트의 상황에서 결정적으로 다르다고 보는 것을 반영한다. 우리의 현대성, 그러니까 보들레르 식의 현대성은 칸트의 계몽으로부터 역사적으로 발전된 것이지만, 칸트의 계몽을 독자적으로 변형시킨 것이기도 하다. 따라서 (「계몽이란 무엇인가?」에서) 칸트가 자신의 상황이 자기 위 세대 사람들과 어떻게 다른지 묻듯, 푸코는 자신의 상황이 칸트의 상황과 어떻게 다른지 묻는 것이다.

우선, 우리는 이성에 대한 비판이 인간의 경험과 사유의 한계를 표시하는 본질적이고 보편적인 진리, 즉 초월론적[선험적] 진리를 발견한다고 생각하는 칸트에게 동의할 수 없다. 푸코의 독해에 따르면 보들레르의 현대성은 현재의 순간에서 "영원히" 가치 있는 것을 발견함과 동시에 그것을 "파괴하는 것이 아니라 있는 그대로 포착"하여 변형하려는 태도다. "보들레르의 현대성은 현실의 것에 대한 극도의 주의 집중이

그 현실을 존중하는 동시에 침해하는 그러한 자유의 실천과
대면하는 운동이다."(EW I, 311)[7] 여기서 우리는 일상적 순간
을 보존하는 동시에 변형하는 쿠르베의 표현이 가진 부드러
운 정확성을 생각해볼 수 있을 것이다. 더욱이 이 변형이라는
근대적 기획은 무엇보다 자기 자신에게 적용된다.

> 현대적이라는 것은 흘러가는 순간의 흐름 안에 있는 자신을 받
> 아들이는 것이 아니다. 그것은 자기 자신을 복잡하고 지난한 정
> 교화의 대상으로 취하는 것이다. (…) 보들레르에게 현대인은
> 자신과 자신의 비밀과 숨겨진 진실을 찾아 떠나는 사람이 아니
> 다. 현대인은 자신을 창조적으로 만들어내려는 사람이다.
> (EW I, 311)[8]

푸코는 분명 보들레르가 소묘하는 현대성의 세부 사항까
지 받아들이지는 않는다. 예를 들어 자기 변형을 댄디의 반자
연적 우아함이라는 관점에서 바라보는 보들레르의 이해라든
지, 근대의 기획은 정치적이거나 사회적으로 수행될 수는 없
고 다만 미학적으로 수행될 수 있을 뿐이라는 그의 주장은 받
아들이지 않는다. 그러나 푸코는 현대성의 일반적 "태도"를
받아들인다. 푸코에 따르면 그 태도는 어떤 일련의 교의가 아
니라 우리의 역사적 시대에 대한 비판적 태도나 방향으로 이

루어져 있다. 게다가 이 방향은 보들레르와 마찬가지로, 현재
의 자기의 변형을 향하고 있다.

이제 우리는 칸트의 철학적 기획과 푸코가 맺는 관계라는
문제로 되돌아갈 수 있다. 그는 비판이라는 계몽의 일반적 목
표를 받아들이지만 그 극성(polarity)을 뒤집는다.

> 비판은 그야말로 분석하고 반성하는 데 있다. 하지만 칸트의
> 질문이 인식[connaissance]이 넘어서지 말아야 할 한계들이 무
> 엇인지를 아는[savoir] 것이었다면, 내가 보기에 오늘날의 비판
> 적 질문은 다음과 같은 실정적 물음으로 돌아가야 한다. 요컨
> 대 우리에게 보편적이고 필연적이며 의무적인 것으로 주어진
> 것 중에서, 특수하고 우연적인 것이 차지하는 몫, 그리고 자의
> 적인 제약들에서 기인하는 것의 몫은 무엇인가, 라는 질문 말
> 이다.
> (EW I, 315)[9]

일종의 철학적 비판 기획이라는 푸코의 최종 구상을 명확
히 표명하는 핵심 구절이다. 칸트의 용어로 이것은 (우리 인식
의 범위 및 한계와 관련된 가정들을 검토한다는 의미에서는) **비판
적**이지만, 칸트의 기획처럼 **초월론적**이지는 않다. 푸코의 비
판 기획은 우리가 세계와 우리 자신에 대해 경험하고 생각해

야 하는 범주들을 확정하는, 인식의 필요조건을 발견하자고 주장하지 않는다. 푸코의 비판은 오히려 필연적이라고 주장되는 것들이 단지 역사적 우연일 뿐임을 보여줌으로써 그 필연성을 약화할 목적으로 그런 주장을 조사하는 것이다. 이전의 방법론적 논의를 언급하면서 그는 자신의 기획이 "초월론적이지 않으며" 다만 "목적의 측면에서는 계보학적이고 방법의 측면에서는 고고학적"이라 말한다. 그 방법은 "모든 인식(connaissance)이나 가능한 모든 도덕적 행위의 보편구조를 확인하려 하기보다는, 우리의 생각을 분명히 표현하는 담론의 사례들과 많은 역사적 사건들을 취급한다는 의미에서, 초월론적이지 않고 고고학적이다".(EW I, 315)[10] 이와 비슷하게, 푸코의 기획은 또한 "우리가 할 수 없거나 알 수 없는 것"을 발견하기 위해 고안된 것이 아니라 "더 이상 지금 내가 존재하는 방식으로 존재하지 않을 가능성, 지금 내가 하고 있는 것을 더 이상 하지 않고 지금 내가 생각하는 것을 더 이상 생각하지 않을 수 있는 가능성"을 발견하도록 의도되었기 때문에 계보학적이다.(EW I, 315 – 16)[11]

따라서 철학에 대한 근대적 구상을 정의하는 칸트의 용어로 말하자면, 푸코는 철학적 기획의 일반적 비판의 방향을 공유하는 정도의 철학자다. 그러나 그는 칸트나 대부분의 다른 근대 철학자들의 관심을 공유하지 않는다. 요컨대 생각, 경험, 행동의 필요조건들의 한계를 정하는 철학적 진리의 독특한 영역을 찾는 데 관심이 없는 것이다. 예를 들어 그는 본질의 현상학적 직관이나 언어 분석이 추구하는 필요충분조건들에 관심이 없다. 그의 관심은 오히려 직관과 분석이 주장할 수도 있는 가능성들이 존재하지 않는다는 것을 폭로하는 데 있다. 푸코가 현상학적 분석이나 언어학적 분석이 진정으로 필수적이고 보편적인 진리를 드러낼 수 있다는 것을 부정해야 할 이유는 없다. 그러나 그의 철학적 기획은 그러한 진실을 향하기보다는 필연성으로 위장한 우연성을 향한다. 또한 그가 사용하는 고고학과 계보학이라는 방법은 앞서 살펴본 것처럼 선험적인 철학적 분석의 방법이 아니라 역사적 조사의 방법이다. 칸트 식으로 말하자면 푸코는 자신의 비판 기획에 대한 구체적인 이해나 그 기획을 수행하는 방법론의 차원에서는 철학자가 아니다. 그는 다만 포괄적으로 비판에 참여한다는 측면에서만 철학자다.

그러므로 우리는 푸코가 그 어떤 실질적인 의미에서도 철학자가 아니라고 결론짓는 경향이 있을 수 있다. 칸트 이후의 철학이 철학적 기획 자체에 대한 지속적인 비판을 수반했다는 점을 제외한다면 말이다. 독일 관념론에서부터 분석철학에 이르기까지 대부분의 경우 철학적 기획은 여전히 대체로 칸트적이다. 푸코는 니체와 마찬가지로 이 비판을 극단으로 밀어붙인다. 자율적 진리의 집합체라는 철학적 이상을 거부했기 때문이다. 그러나 이 비판의 방향이 계속되고 결국 승리한다면 푸코는 새로운 철학 양식의 창시자로 칭송받게 될 것이다. 'X는 철학자인가?'라는 질문에 대한 답이 철학의 미래 역사에 달려 있다고 생각하는 것은 분명 푸코를 불쾌하게 만들지 않을 것이다.

우리가 그를 어떻게 분류하기로 결정했는지와는 무관하게, 푸코가 철학적 맥락에서 출현했다는 것, 그리고 그의 글들이 종종 철학적 문제들에 강한 영향을 미친다는 것에는 의심의 여지가 없다. 그는 이 철학적 맥락을 간결하게 표현했다. "나는 학생으로서 마르크스주의, 현상학, 실존주의로 이루어진 지평을 바라보던, 그리고 그 지평에 의해 한계 지어지던 세대에 속합니다."(RR, 인터뷰, 174) 우리는 이미 초기의 푸코가 마르크스주의에 느꼈던 환멸을 보았다. 현상학 및 실존주의와의 관계는 더 오래 지속되긴 했지만 상당히 복잡했다. 푸코는 메를로퐁티, 그리고 장 이폴리트와 함께 공부했다. 메를로퐁티는 사르트르와 더불어 후설의 현상학을 프랑스 실존주의자들이 전유할 수 있도록 하는 데 앞장섰던 인물이고 장 이폴리트는 실존주의에 강한 관심을 갖고 있으면서 헤겔을 연구했던 대표적 학자다. 앞서 3장에서 보았지만 하이데거의 『존재와 시간』은 특히 루트비히 빈스방거의 하이데거적인 실존주의적 정신의학(현존재 분석)에 관심을 갖고 있던 젊은 푸코에게 매우 중요했다.

초기 푸코의 실존적 현상학에의 연루가 정확히 어떤 성격의 것이든 간에, 그가 얼마 지나지 않아 현상학적 기술(記述)의 주관적 관점이 적절치 않다고 결정했던 것은 분명하다. 그러나 실존주의적 현상학으로부터 그가 어떻게 멀어지게 되었는지 완전히 명확한 것은 아니다. 일반적으로 현상학은 1960년대에, 다양하게 발전된 일련의 이론적 관점인 '구조주의'가 눈부시게 부상하면서 쇠퇴했다. 모든 종류의 구조주의는 현상학이 기술한 살아 있는 경험이 아니라, 아래에 놓인 무의식적 구조의 관점에서 인간 현상들을 설명했다. 예를 들어 소쉬르의 언어학, 라캉의 정신분석, 롤랑 바르트의 문학비평, 클로드 레비스트로스의 인류학, 조르주 뒤메질의 고대종교 구조 비교 연구 등이 있다. 푸코는 자신이 구조주의자가 아니라고 늘 부인했으며, 중급 수준의 교양을 갖춘 미디어에서 자신을 구조주의 운동에 동화된 자로 묘사하는 것을 보고는 비웃었다. (그는 『임상의학의 탄생』의 여러 곳에서 자신의 접근 방식이 '구조적'이라 설명했었지만, 이후 출판물에서는 그 단어를 분명히 삭제했다.) 구조주의는 명백하게 비역사적인, 그러므로 통시적이라기보다는 공시적인 접근법이라는 것이 푸코가 항의하는 이유였다. 하지만 구조주의 이론과 푸코의 고고

학 사이에는 명백한 유사점이 있다. 그는 특히 뒤메질의 작업
이 자신에게 얼마나 중요한지 강조한다. 그리고 그는 구조주
의의 설명과 비교했을 때, 언어와 무의식에 대한 현상학의 설
명이 부적절하다는 것을 현상학 쇠퇴의 큰 이유로 든다.

그러나 푸코를 현상학으로부터 멀어지게 한 푸코 사유의
더 뚜렷한 특징도 있었다. 예를 들어 그는 아방가르드 문학
저자의 탈중심화와 심리적 주체의 탈중심화의 중요성을 강
조했고, 니체가 프랑스에서 유행하기 훨씬 전인 1953년경에
바타유와 블랑쇼에게서 영감을 받아 이루어진 니체 독해 덕
분에 자기가 주체 중심적 철학과 단절하게 되었다고 말했다
(인터뷰, 'Structuralism and Poststructuralism'(「구조주의와 포스트
구조주의」), EW II, 439). 하지만 가장 중요한 요소는, 특히 광
기의 역사에 관한 푸코 박사 학위 논문의 공식 책임자였던 조
르주 캉길렘이 행했던 프랑스사 및 과학철학과 푸코의 연관
성이었다.

푸코의 설명에 따르면, 캉길렘은 (소르본대학의 전임자인 가
스통 바슐라르와 함께) 현상학에 분명한 대안을 제시했으며,
인간 사유의 원동력으로서 살아 있는 경험보다는 개념들의
논리를 강조했던 사람이다. 캉길렘의 제자들은 '개념 철학'
에 찬성하면서 현상학의 '경험 철학'을 거부했고, 푸코는 명
백히 스스로를 캉길렘의 제자로 여겼다. 캉길렘의 개념사는

1960년대 푸코의 고고학의 중요한 모델이었다. 몇 년 후, 캉 길렘에 대한 글('Life: Experience and Science'(「삶: 경험과 과학」), EW II, 465 – 78)[12]에서 푸코는 주체 중심의 현상학적 체험 (vécu)을 대체하려는 의도로 경험에 대한 생물학적 구상을 소묘했다.

그러나 적어도 푸코에게, 바슐라르(도판 7)와 캉길렘의 전통은 현상학에 대한 철학적 비판보다는 그것에 대한 방법론적 대안을 더 많이 제공했다. 그 비판을 위해 우리는 푸코의 『말과 사물』에 등장하는 근대적 사유에 대한 연구로 돌아가야 한다. 『말과 사물』의 궁극적 목적은 근대 사회과학 아래에 놓인 고고학적 틀, 즉 에피스테메를 이해하는 것이었지만, 푸코는 이 틀이 특히 칸트와 관련된 '인간'이라는 철학적 개념의 지배를 받는다고 생각하기 때문에 그의 논의는 근대 철학에 대한 비판적 역사를 포함한다.

데카르트 이후로 근대 철학은 우리의 표상들(경험, 관념)이 우리 마음 밖의 세계를 정확히 재현[표상]하고 있는지와 관련된 질문에 몰두해왔다. 예를 들어 데카르트는 우리의 관념이 우리 외부의 공간과 시간에 실제로 존재하는 사물들과 일치한다는 것을 어떻게 아느냐고 물었다. 흄은 규칙적인 관념들의 연상(이를테면 날마다 해가 뜨는 것)에 대한 우리의 경험이, 현실에서의 필연적 연결과 일치한다는 것을 어떻게 아느

도판 7. 가스통 바슐라르.

냐고 물었다. 칸트 전까지는 아무도 이 질문에 그럴듯한 답을 내놓지 못했다(물론, 이를테면 흄이, 그런 답은 필요 없다는 설득력 있는 제안을 하긴 했지만 말이다).

칸트와 더불어 결정적 전환이 일어났다. 왜냐하면 그는 우리의 표상들이 이 세계와 관련해 참인지 여부만 물었던 것이 아니라, 우리가 정확하게든 아니든, 그게 무엇이 되었든, 모든 것을 재현[표상]한다는 것이 어떻게 가능한지를 물으면서, 표상의 가능성 바로 그 자체를 숙고했기 때문이다. 그는 이 새로운 질문에 답하는 것이 오래된 질문에 답하는 방법을 제공했기 때문에 이것이 결정적이었다고 주장했다. 특히 칸트는 어떤 대상이 표상될 수 있는 가능성, 예를 들어 그 대상이 시공간 안에 존재하는 것으로서, 또 인과율의 망의 일부로서 표상될 수 있는 가능성 자체가 요구된다고 주장했다. (칸트가 '초월론적 연역'이라고 부르는) 이런 종류의 논증에 따르면, 우리 경험의 대상들은 시공간 안에 존재하며, 필연적으로 인과율의 지배를 받는다. 그렇지 않다면 그것들은 우리 경험의 대상이 될 수 없기 때문이다. 한편으로 우리는 있는 그대로의 세계(본질적 세계)가 아닌, 우리가 경험하는 세계(현상적 세계)만을 알 수 있도록 제한된다. 다른 한편 이 제한 자체가 세계에 대한 우리의 객관적 인식을 가능케 한다.

인식에 대한 칸트의 관점은 인간에게 특별한 이중적 지위

를 요구한다. 한편으로 우리는 세계에 대한 모든 인식을 가
능케 하는 필요조건의 원천이다. 우리는 '경험적' 영역에 있
는 모든 인식의 원천인 '초월론적' 영역에 속한다. 그러나 동
시에 우리 자신은 경험에 의해서나 사회과학에 의해서 인식
될 수 있는 존재이고, 경험적 영역의 대상들도 마찬가지로 인
식될 수 있는 존재다. 푸코는 이 특유의 이중적 지위(그가 '경
험적-초월론적 이중체'라 부르는 것)를 가진 존재로서의 사람을
가리키기 위해 '인간(man)'이라는 용어를 사용한다. 그는 이
런 의미에서 18세기 말 이전에는 인간이라는 개념이 없었다
고 주장한다. 그래서 그의 과장된 선언에 따르면, 19세기가
오기 전까지 **"인간은 존재하지 않았다"**.(OT, 308)[13]

　푸코의 근대 철학사에서 인간은 핵심 문제다. 어떻게 하나
의 통일적 존재가 인식 가능성의 초월론적 원천이면서도 동
시에 또 다른 인식 대상이 될 수 있을까? 이를 이해하기는 쉽
지 않다.『말과 사물』9장은 20세기 철학의 주요 발전, 특히
후설, 사르트르, 메를로퐁티의 현상학을 다루며 그들 중 누구
도 인간에 대한 일관된 개념을 발전시킬 수 없다고 주장한다.
모든 경우에, 경험적인 것에서 초월론적인 것으로(후설) 또는
초월론적인 것에서 경험적인 것으로(메를로퐁티)의 불합리한
환원이 있다.

　이 장은 성숙한 푸코가 칸트 양식의 표준적 철학 담론에 가

장 근접해 있는 장이다. 그것은 (경험적-초월론적 이항 요소로서) 인간에 대한 모든 근대적 설명이 모순에 빠졌다는 걸 보여주기 위한 노력으로, 방금 이야기했듯, 그럴듯하게 읽힐 수도 있다. 하지만 그러한 해석은—설령 그것이 푸코의 의도와 일치하는 것처럼 보인다 할지라도—『말과 사물』의 고고학적 기획과 충돌한다. 왜냐하면 그러한 해석은 그의 논의를 관념사 수준에 놓기 때문이다. 관념사는 문제 해결을 위해 노력하는 일련의 개별 사상가들에 대한 이야기이지, 그러한 역사를 수반하는 무의식적 구조에 대한 고고학적 조사에 관한 것이 아니다. 더욱이 관념사가 말해줄 수 있는 것은 특정 사상가들이 그들의 문제를 해결하는 데 실패했다는 것뿐, 그들의 실패에 (아마도 고고학적 수준에서의) 이유가 있다고 말해줄 수는 없다. 하지만 만약 우리가 푸코의 논의를 진정한 고고학적 설명으로 재구성한다면, 인간 개념의 명백한 모순은 우리 사유가 더 이상 근대 인식론에 의해 인도되지 않음을 보여준다. 그 결과 우리는 보르헤스의 중국 백과사전을 읽는 사람들처럼, "**그것**을 생각하는 것의 완전한 불가능성"에 직면했다. 두 경우 모두에서 푸코는 표준적인 철학적 입장에 실질적으로 찬성하거나 반대하지 않는다. 푸코 자신의 설명에 따르면, 표준적인 철학적 입장에 찬성하지 않는 것도, 반대하지 않는 것도 놀라운 일이 아니다. 표준적인 철학적 입장에 찬성하든 반대하든 근대 인식론 자체(칸트적 의미에서의 철학의 틀) 안에서 작동해야 하기 때문이다. 그렇게 되면 푸코는 자신의 고고학적 방법론이 요구하는 역사적 거리를 포기해야 할 것이다. 그러므로 나는 푸코가, 명백하게 가장 철학적인 순간에도 근대의 포스트 칸트 철학 논쟁에 참여하지 않았다고 결론지었다. 그러나 『말과 사물』의 몇몇 독자들을 매료한 또 다른 가능성이 남아 있다. 그것은 푸코가 하이데거를 따라, 우리를 근대 에피스테메 너머로 데려갈 새로운 철학적 사유 방식으로의 길을 열고자 한다는 것이다. 『말과 사물』에는 하이데거적인 요소가 있다. 가장 눈에 띄는 것은 『존재와 시간』의 주요 주제를 뚜렷이 떠올리게 하는, 표상과 경험철학에 대한 비판이다. 그리고 만약 푸코가 하이데거 스스로도 표상주의적 묘사에서 벗어나지 못했다고 말한다면, 그것은 스승을 비판한다고 하는 하이데거적 비판의 표준적 운동이다. 또 하이데거의 후기 저작들을 염두에 두고 있음에 틀림없는, 언어와 존재의 관계에 대한 숙고 역시 존재한다. "언어와 존재는 어떤 관계를 맺고 있는가? 그리고 언어가 늘 언급하는 것이 존재와 관련되어 있긴 한가?"(OT, 306)[14] 그리고 우리가 '휴머니즘'이 사라질 새로운 시대로 가고 있다는 암시와 함께 '인간' 개념에 대한 처음과 마지막에서의 공격을 보면, 하이데거가 「휴머니즘 서간」에서 사르트르에게 가했던 그 유명한 공격과 관련해 푸코가 하이데거 편을 들려고 계산한 것처럼 보인다.

　그러나 이러한 하이데거적 특징 때문에『말과 사물』은 푸코의 다른 책들과 구분된다. 철학적 주제가 이렇게나 두드러지는 곳은 다른 어디에도 없으며, '현재의 역사'에 특징적인 윤리적, 정치적 문제 관련 논의와 이렇게 연관성이 적은 곳도 없다. 사회과학의 고고학으로 쓰였음에도 불구하고, 푸코의 후기 저작이 보여주듯, 이 학문들이 매우 밀접하게 연루되어 있는 지배 체계와 그것의 분석을 연결하는 것은 매우 어렵다. '인간' 개념은 우리의 사유에 대한 자의적 제약일 수 있지만, 그것을 넘어서는 것이 과연 지적 자유를 행사하는 것 이상이 될 수 있을지에 대해서는 회의적이다. 또한『말과 사물』의 많은 부분이, 특히 과학적 사고방식의 세부 사항에 대한 세심한 관심에 있어서 상당히 비(非)하이데거적이라는 점은 기억할 만하다. 그러나 이는 이 책[『말과 사물』]이 하이데거적이라고 말할 수 있을 정도로, 그의 다른 책들은 하이데거적이지 않다는 것을 증명하는 것이다.

제 7 장

광기

영어 사용자에게 '미치다(mad)'와 '정신적으로 병든(men-tally ill)'은 동의어다. 낯선 사람에게 끊임없이 음담패설을 외쳐대거나, 치아 충전재를 통해 명왕성으로부터 무선 메시지를 수신한다고 생각하는 부류의 사람들이 항상 질병을 앓는다고 여겨져 온 것은 아님을 우리는 알고 있다. 그들은 악마와 동맹을 맺은 신, 또는 단순히 인간 이하의 동물에게 사로잡혔다고들 했다. 그러나 우리는 광기에 대한 [이런 식의] 대안적 견해가 악의는 아닐지라도 무지의 표시라고 생각한다. 그런 대안적 견해들은 광기를 정신병으로 보는 근대의 발견 이후로 전혀 지적으로 존중받지 못하게 되었다.

정신의학의 표준적 역사는 이러한 견해를 정식화했다. 프

도판 8. 〈정신이상자들을 풀어주는 피넬〉(1876), 토니 로베르플뢰리(Tony Robert-Fleury)의 유화, 파리, 살페트리에르 병원.

랑스 혁명 기간 동안 필리프 피넬(도판 8)은 광인을 동물처럼
사슬로 묶는 것에 항의하고 그들을 석방하기 위해 비세트르
감옥에 갔다. 그곳에서 그를 반대하는 공화국 정부의 광신도
쿠르통(Courthon)과 대면했다. 푸코는 역시나 비꼬는 투로
이 이야기(MC, 242)[1]를 인용한다.

> 피넬을 돌아보며 [쿠르통이 말했다]. "아니, 동지, 저런 짐승들
> 의 사슬을 풀려고 하다니 미쳤습니까?" 피넬이 침착하게 대답
> 했다. "동지, 이 미친 사람들을 치료하기 힘든 이유는 다만 그
> 들이 대기와 자유를 박탈당했기 때문이라고 난 확신합니다."
> "글쎄, 원하는 대로 해보세요. 하지만 당신의 자만에 당신이 희
> 생될까 두렵습니다." 그렇게 말하고 나서 쿠르통은 부축을 받
> 아 그의 마차로 향했다. (…) 모두가 다시 편히 숨을 쉴 수 있었
> 고, 위대한 박애주의자는 즉시 일에 착수했다.

이런 종류의 이야기는 그들의 영웅을 용감하고 동정심 많
은 사람으로 묘사한다. 이를테면 비슷한 시기 영국에서 퀘이
커교 요양소(Retreat)를 설립한 새뮤얼 튜크에 관한 유사한 이
야기가 있다. 그 이야기들에서 그들의 영웅들은 계몽된 사상
이 질병으로 보는 것을 과학적으로 치료하기 위해 미신을 거
부했다는 것이다. 그러나 푸코의 주장에 따르면 "진실은 사뭇

달랐다".(MC, 243)[2]

예를 들어 튜크의 작업에는 과학적 동기가 아닌 종교적, 도덕적 동기가 있었다. 요양소는 광인을 사슬과 신체적 학대로부터 해방시키고 그들을 평온한 환경에 가두었다. 그러나 이 환경에서 그들이 관습적 행동에서 벗어나는 것은 엄격하게 모니터링되었다. 치료는 미친 사람이 "도덕과 사회를 어지럽힐 수 있는 모든 것에 대해 도덕적 책임감을 느끼도록 하고 반드시 홀로 책임지도록 하는 것"으로 구성되었다.(MC, 246)[3] 결론적으로 "튜크는 광기에 대한 한없는 공포를, 책임에 대한 숨막히는 불안으로 대체한 정신요양원을 만들었다".(MC, 247)[4]

튜크의 치료에서 본보기가 되는 순간은 그의 유명한 '다과회', '영국식 사교 행사'였다고 푸코는 말한다. 여기서 미친 사람은 정신요양원 원장들과 감독자들이 초대한 손님이며(여기서 푸코는 튜크의 설명을 인용한다) "서로 예절과 품위를 겨룬다". 놀랍게도 "이 저녁식사 자리는 일반적으로 매우 큰 만족감 속에서 매우 원만하게 진행된다".(MC, 249)[5] 그러나 푸코는 이 행사에 대해 매우 다른 해석을 한다. "광인은 이성의 눈앞에서 자신을 완전한 이방인으로, 즉 그 기이함이 지각되지 않는 사람으로 객관화하도록 권유받는다. 이러한 명목으로만, 이 익명성에 순응하는 대가로만, 이성의 도시는 그를 환

영한다".(MC, 249-50)[6]

푸코는 튜크와 피넬이 인도주의자들이라는 서술을 거부한다. '인간성'이 현대 부르주아 사회의 가치를 수반한다는 그들의 견해를 거부하기 때문이다. "이제 정신요양원은 사회적 도덕과의 거대한 연속성을 나타내야 한다. 가족과 노동의 가치, 즉 인정받는 모든 미덕이 요양소에 군림한다."(MC, 257)[7] 푸코는 이 장소가 "관찰, 진단, 치료의 자유로운 영역"이 아니라 "기소되고 재판받으며 유죄를 선고받는 […] 사법적 공간"이라고 주장한다. 광인은 사슬에서 풀려나지만 "도덕적 세계에 유폐"된 것이다.(MC, 269)[8] "우리는 틀림없이 역설적으로 미친 자의 해방을 부르는 습관이 있다"고 푸코는 비웃는다. "거대한 도덕적 감금"이 있다는 것이다.(MC, 278)[9]

우리는 푸코의 풍자에서 뭔가 매우 비현실적인 것을 볼 수 있다. 결국 광인들은 특정 사회적, 도덕적 시스템에 대한 반항아가 아니다. 그 광인들은 모든 의미 있는 인간의 맥락에서 심각한 장애를 보인다. 튜크의 다과회가, 통제하지 못할 경우 만나는 사람마다 죽이려고 하는 정신이상자를 통제하는 데 도움이 된다면, 그 다과회가 부르주아 도덕을 강화한다고 해도 걱정할 게 뭐 있겠는가?

광인을 연구 대상으로 삼았던 푸코는 아마 많은 경우 정신병자는 정신병자일 뿐임을 알았을 것이며, 망상성 살인자를 관습적 도덕으로 되돌리는 치료를 환영했을 것이다. 그의 분노는 오히려 우리의 정상성의 기준에 어떤 유의미한 대안도 용인하지 않고 이러한 기준에서 심각하게 벗어나는 모든 믿음과 행동을 울타리 밖으로 치워버리는 광기 인식을 향한다. 푸코의 견해에 따르면, 정상성이 고마운 구조로 느껴질 만큼 공포스러운 정신이상이 있음에도 불구하고, 일반적 현상으로서의 광기는 정상성에 대한 훌륭한 이의 제기로 여겨져야 한다.

그러나 푸코 대신 [내가 해본] 이러한 답변은 광기가 한계를 넘어선 어떤 것 이상의 것일 수 있다고 상정한다. 그것이 정말 가능할까? 우리가 그것이 가능하지 않다고 생각한다면 그것은 역사적으로 우리[서구] 문화가 광기를 인식하는 방식 때문이라고 푸코는 말한다. 그의 『광기의 역사』는 이러한 결론을 위한 집요한 주장이다.

그는 먼저 중세와 르네상스의 광기에 대한 피상적이지만 결정적인 탐색으로 시작한다. 그런 다음 그는 광기가 완전히 인간적인 현상으로 여겨졌다고 주장한다. 광기는 이성에 반대되는 것이었지만 그것은 인간 존재의 대안적 방식이었지, 인간 존재의 단순한 거부는 아니었다. 결과적으로 광기는 (경멸받거나 혐오스럽더라도) 이성에 대한 의미 있는 이의 제기였다. 광기는 (에라스뮈스의 『우신 예찬』에서처럼) 이성과의 아이

러니한 대화에 참여할 수도 있고, (보스의 회화나 셰익스피어의
비극에서처럼) 이성이 이용할 수 없는 인간 경험과 통찰력의
영역을 주장할 수도 있다. 어쨌든 요점은 과거에 광기가 인간
의 가능성에 대한 우리[서구] 문화의 이해에서 중요한 역할
을 했다는 것이다.

　광기에 대한 이런 풍부한 이해는 17세기 중반, 프랑스가 고
전주의 시대라 부르는 시기가 시작되면서 끝났다. 중세와 르
네상스의 관점과 대조적으로, 고전주의 시대는 광기를 이성
이라는 인간의 본질적 속성을 부정하는 것으로 보았다. 그것
은 인간적 의미가 없는 동물성 속으로 뛰어드는 탈이성(dérai-
son)으로 여겨졌다. 그러므로 인간 세계에서 미치광이를 **개념
적으로 배제**했다는 것이다. 예를 들어 '첫 번째 성찰'에서 데카
르트는 자신의 믿음을 의심하는 근거로 다양한 가능성을 제
시한다. 감각이 기만적일 수도 있고, 꿈을 꾸고 있을 수도 있
고, 모든 면에서 그를 속이려는 전능한 악령이 있을 수도 있
다. 그러나 푸코는 데카르트가 주저하는 한 가지 가능성이 있
다고 지적한다.(HF, 56-8)[10] 자기 머리가 호박이나 유리라고
생각하는 사람들과 같다면 그는 자신의 믿음을 신뢰할 수 없
을 것이라고 말한 후 즉시 그 가능성을 거부한다. '하지만 그
들은 미쳤고, 만일 내가 그들과 같다고 잠시라도 생각한다면
나 역시 미친 것이다.'(『성찰』 I) (푸코와 자크 데리다는 이 구절의

해석과 관련해 팽팽한 논쟁을 벌였다.)

이러한 개념적 배제와 상관적인 신체적 배제도 있었다. 평범한 사람들의 삶으로부터 미치광이들을 격리하는 여러 기관들에 그들을 감금했을 때 미치광이들에게 가해지는 효과로서 말이다. 이 신체적 배제가 가장 두드러지게 나타났던 것은 1656년 프랑스의 '대감호' 때였다. 단 몇 개월 만에 파리 인구의 1퍼센트 이상이 여기저기 흩어져 있는 구빈원(Hôpital Général)에서 억지로 살게 되었다. (그중 하나가 오늘날에는 현대식 병원으로 운영되는 살페트리에르다. 아이러니하게도 푸코는 이곳에서 1984년에 숨을 거두게 된다.) 푸코의 주장에 따르면 이와 유사한 식의 감금들이 유럽 전역에서 일어났다고 한다.

미치광이에 대한 개념적이고 신체적인 배제는 도덕적 비난을 반영하기도 한다. 그런데 이 [광기라는] 도덕적 잘못은 인간 공동체의 한 구성원이 공동체의 근본 규범들 중 하나를 위반한다고 하는, 그런 일반적 유형의 잘못이 아니다. 광기는 오히려 순수한 (비인간적) 동물성의 삶을 위해 인류와 인간 공동체 전체를 깡그리 거부하는 급진적 선택에 해당된다. 고전주의의 관점에서 볼 때, 미치광이의 동물성은 그들이 여러 정념의 지배를 받는 것으로 표현되며, 정념의 지배는 그들을 망상으로 이끌고 그 망상 속에서 그들은 비현실을 현실로 착각하게 된다. 정념에 의한 망상은 그러므로 미치광이에게 비추

131

는 이성의 빛을 차단하는 근본적 맹목을 초래한다.

광기에 대한 근대의 치료적 관점은 고전주의의 관점과 날카롭게 단절된다. 푸코는 훗날 이것을 에피스테메상에서의 변화 혹은 담론 형성의 변화라고 부른다. 미치광이들은 이제 더 이상 인간의 영역을 넘어선 동물들이 아니며, 인간 공동체로 돌아온다. 그러나 그 공동체 안에서 미치광이들은 이제 도덕을 범한 자가 되었고(특정 사회규범의 위반자), 자신들이 처한 상황에 대해 죄의식을 느껴야 하며, 자신들의 태도와 행동을 개혁해야 한다. 따라서 미치광이들을 치료하는 근대의 특징적인 양식은 그들을 고립시키는 데 그치지 않고 그들로 하여금 도덕 치료에 따르게 한다. 고전주의 시대의 감금으로부터 근대의 치료적 정신요양원(asylum)으로의 이동은 여전히 광기를 인간적으로 의미심장한 이의 제기로 여기기를 거부한다.

피넬과 튜크의 상당히 노골적인 도덕적 지향을 이유로 들어, 그들은 근대 정신의학의 창시자가 아니라고 이의를 제기할 수도 있을 것이다. 근대 정신의학은 환자의 잘못으로 간주되지 않는 질병을 치료함에 있어 명백히 윤리적으로 중립적이니 말이다. 초기의 도덕 요법과 그 후에 미치광이를 환자로 다루게 된 것 간에는 분명한 차이가 있지 않을까? 푸코는 정신요양원에서의 도덕적 지배가 '의료인의 신격화'였다고 답한다.(MC, 269) 우리는 미치광이가 단순히 '정신적으로 아프다'고 확신하고는, 그들을 돌보는 일과 관련해서는 의사들이 좌지우지하는 수밖에 없다고 생각한다. 그러나 푸코는 정신요양원에서의 규칙이 의학적 권위에 의한 것이기보다는 도덕적 권위에 의한 것이라고 주장한다. 의사들이 권위를 갖는 것은 그들이 치유에 필요한 지식을 갖고 있어서라기보다는 (치유된다 하더라도 그것은 소 뒷걸음질 치다 쥐 잡은 격일 뿐이다) 그들이 사회의 도덕적 요구를 대표하기 때문이다. 이것은 오늘날의 정신의학의 실천에서도 명확하게 드러난다. 정신의학의 실천이 의학의 옷을 걸치고는 있지만, 거기서 치료의 열쇠는 여전히 치료사 개인의 도덕적 권위이며, 치료사는 사회적 가치들의 매개체 역할을 한다. 그러니까 이를테면 정신분석 치료에서의 전이의 본질적 역할인 것이다.

푸코의 설명이 설득력을 잃으려면 우리는 우리가 광기를 정신질환으로 식별하는 것이 객관적인 과학적 발견이라고 계속해서 주장해야 한다. 하지만 그가 보여주는 역사에서는 반대로, 판연하게 도덕적인 요법이라는 아이디어가 일단 포기된 후, 정신요양원에서 의사들의 권위를 정당화하기 위한 수단으로서 정신질환이라는 정체성이 도입되었다는 것이 암시된다. 의사들이 정신요양원을 담당하게 된 것은 애초에는 그들의 의학적 전문성과 거의 관계가 없었다. 튜크와 피넬이 권장했던 도덕 요법들은 본질적으로 의학적인 것이 아니었기 때문에 도덕적 권위를 가진 자라면 누구나 할 수 있는 것이었다. 하지만 19세기가 지나면서 의학은 객관적이고 가치중립적인 지식이라는 이상에 지배받게 되었고, 가치 중립적이지 않은 도덕 요법들은 더 이상 설 자리가 없게 되었다. 명백히 정신적인 유형의 질환이라는 개념은 과학적 진실이나 치유의 성공 때문이 아니라, 무엇보다도 미치광이에 대한 의사의 영속적 권위를 정당화하기 위해 도입되었다.

그러나 현대 정신의학이 때때로 주장하는 과학적 객관성에 현대 정신의학이 미치지 못한다 할지라도, 우리는 여전히 현대 정신의학이 미치광이와의 의미 있는 상호 작용을 허용하지 않느냐고 물을 수 있다. 정신분석은 정신요양원의 구속으로부터 환자들을 빼내고 실제로 그들에게 귀를 기울이니, 정신분석이야말로 명백한 반례가 아닐까? 푸코는 프로이트가 정신요양원의 기능들 대부분을 제거하고 환자와 의사의 핵심 관계만 유지한다는 데 동의한다. 그러나 우리가 보았듯, 이 관계는 근대가 미치광이를 지배하는 데 있어 핵심을 이룬다. 게다가, 푸코에 따르면, 프로이트는 '의학적 인물'에게 '유사 신적인(quasi-divine) 위상'을 부여함으로써, 그 인물이 갖는 '마술적 힘들을 (…) 증폭시킨다'.(MC, 277)[11] 분석가의 형상을 한 프로이트는 '정신요양원의 (…) 모든 힘들에 (…) 초점을 맞췄다'.(MC, 277-8)[12] 이 분석가는 환자들에게 귀를 기울이지만, 긴 의자 뒤의 침묵은 "절대적 '시선', 순수하고 신중한 '침묵', 언어조차 받아들여주지 않는 심판에 따라 처벌하고 보상하는 '재판관'으로 변모했다". 그 결과 정신분석은 "탈이성의 목소리를 들을 수 없었고, 앞으로도 듣지 못할 것이다". 정신분석은 몇몇 사례에서는 효과적이지만 결국 "탈이성 독립적 기획과 관련해서는 낯선 채로 머무른다".(MC, 278)[13]

그렇지만 광기가 만약 침묵당해왔다면, 푸코는 어떻게 광기의 목소리에 매료되었을까? 그는 분명 광기의 목소리에 매료되었다. 18세기 말부터 광기가 스스로를 현시할 수 있었던 유일한 방법에서, 요컨대 지난 두 세기의 위대한 미친 예술가들인 "횔덜린, 네르발, 니체, 혹은 아르토의 것과 같은 작품들의 번쩍이는 섬광 속에서"(MC, 278)[14] 말이다. 우리는 이미 미친 예술가들이라는 주제와 아방가르드 예술에 대한 푸코의 관심 간의 연관성에 주목한 바 있다. 그가 생각하기에는 두 경우 모두에, 이성의 한계들을 면밀히 살핌으로써 합리적으로는 접근할 수 없는 진실들을 드러낼 수 있으리라는 것이다.

이러한 생각을 반영하는 긴장이 『광기의 역사』에 만연해 있는데, 특히 첫 부분과 끝부분에서 더욱더 분출된다. (2판에서는 삭제된) 서문과 결론 부분에서, 푸코는 자신의 책이 '광기의' 역사(a history 'of madness')라고 했을 때, '광기의(of madness)'는 목적격 속격이 아닌 주격의 의미라고 말한다. 다시 말해, 그는 단지 미친 사람이 제정신인 사람에게 어떻게 인식되어왔는지를 보여주는 것이 아니라, 어떻게든 미친 사람들의 입장에 서서 글을 쓰고 있다는 것이다. 사실 서문과 결론 사이의 600쪽은 거의 독점적으로 후자의 인식[미친 사람의 입장에 서서 글 쓰기]을 다루고 있다. 하지만 이 양적 불균형 때문에 '광기 그 자체'가 이 책에서의 중심 존재라는 사실이 흐려져서는 안 된다.

푸코는 이 중심 존재를 강조한다. 왜냐하면 이 단계에서 그는 계몽에 반대하며 글을 쓰고 있기 때문이다. 20년쯤 전에 호르크하이머와 아도르노가 그들의 『계몽의 변증법』에서 그랬던 것처럼, 푸코는 우리를 해방했다고 여겨졌던 이성 그 자체가 우리를 지배하는 주요 도구가 되었다는 것을 깨달았다. 그의 수사학이 지닌 격렬한 풍자는 이성의 허세에 대한 직접적 공격이며, 푸코가 광기를 영웅화하는 것은 이성의 체계에 대한 대안을 세우기 위한 것이다. 이 대안은 광인들이 겪었던, 그리고 미친 예술가들의 작품에서 언급되는 탈이성적이고 위반적인 경험이다.

이러한 방식이 갖는 문제가 있다면 그것은 이 방식이 내세우는 '경험'이 부적절하다는 것이다. 푸코 스스로도 『지식의 고고학』첫 부분에서 자기비판을 하며 이렇게 말한다. "대략적으로 말하자면, [『광기의 역사』는] 내가 '경험'이라고 부르는 것에 너무 크고 또 불가사의하기도 한 자리를 부여했었다. 그러므로 익명적이고 일반적인 경험 주체의 인정에 여전히 얼마나 가까웠는지 보여준다."(AK, 16) 내가 볼 때 적어도 삼중의 부적절함이 있다. 푸코가 바로 이것을 염두에 두었다고 말할 생각은 없지만 말이다. 우선 여기엔 칸트주의의 핵심적 진실이 있다. 경험은, 그저 경험이기 위해서조차도, 어떤 대상이 특정한 명료성을 가질 수 있는 세계 안에서 그 세계의 한 부분으로서의 그 대상과 만날 수 있어야 한다. 결과적으로 이성들의 공간, 그러므로 합리성의 규범들을 정의하는 개념적 구조를 알지 못하는 경험에는 일관된 의미가 존재하지 않는다. 둘째, 광인이 경험했던 것으로 추정되는 것은 시대에 따라 변하는 것도 아니고, 인간 세계를 변화시키는 세력들에 영향을 받는 것도 아닌, 비역사적 상수일 것이다. 푸코의 강한 역사적 이해에 그런 자율적 경험을 위한 자리는 없다. 마지막으로, 설령 앞의 두 가지와는 반대로 그러한 경험이 가능하다 치더라도, 그 경험의 근본적으로 무정형적이고 다만 위반적일 뿐인 성질은 지배 체제에 효과적으로 대립하는 데 필요한 특정한 종류의 정치적 행위들의 토대로는 전혀 적합하지 않다. 성공적인 행위가 필요로 하는 특정한 프로그램은 광기의 구조화되지 않은 폭발 안에 기초할 수 없다. 혁명이 필요로 하는 것은 무작위적인 섬광이 아니라 세심하게 통제되는 해체 작업이다.

푸코가 이 탈이성적 경험에의 매혹으로부터 완전히 벗어나지는 못했을 것이다. 하지만 그는 결국 그것이 계몽 이성의 의미 있는 대안이 아니라는 것을 깨달았다. 이러한 생각은 그가 "계몽에 '찬성'하거나 '반대'해야 한다"(EW I, 313)[15]는 주장으로 이해하는 '계몽의 협박'('What Is Enlightenment?'(「계몽이란 무엇인가?」), EW I, 312)[16]을 거부하는 데서 나타난다. 여기서 그는 계몽이 "여전히 우리가 상당 부분 의존하고 있는 일련의 정치적, 경제적, 사회적, 제도적, 문화적 사건"이며, 그 결과 "분석을 위한 특권적 영역을 구성한다"(EW I, 312)[17]고 본다. 이렇게 볼 때 계몽주의는 마치 우리가 숨 쉬는 공기와도 같아서 우리 실존에 필수적인 부분이며, 우리가 그것에 찬성할지 반대할지를 선택하기에는 너무 가까운 곳에 있다. 대신 우리는 "가능한 한 정확한 일련의 역사적 조사들"(EW I, 313)[18]을 통해 그것에 관여할 수 있고 또 해야 한다. 이성은 우리의 일부지만 지속적인 분석과 조정이 필요한 부분이다. 하지만 푸코가『광기의 역사』에서 예견한 이성에 대한 전면적 이의 제기는 의미가 없다.

광인의 "목소리"에 대한 낭만은 우리가 이성과 씨름하는 데 여전히 중요한 역할을 할 수 있지만, 현재 우리의 이성이 배치되어 있는 방식에 완전히 만족하지 말아야 한다는 것을 포괄적으로 상기시켜주는 것으로서만 그렇다. 마치 진리 개념이 우리가 '최대한으로 정당화한' 주장들조차 거짓으로 드러날 수 있다는 경고의 역할을 하는 것처럼, 광기 개념은 지금은 합리적인 것으로 간주되는 것도 언젠가는 비합리적인 것으로 드러날 수 있다는 경고 역할을 하는 것이다. 하지만 후기 푸코에 이르면 이 완전히 일반적인 경고는 우리가 이성과, 그러니까 계몽 때문에 우리의 역사적 운명의 일부가 된 이성과 씨름하는 데서 특별한 의미를 갖지 않는다.

6장에서 언급된 캉길렘에 대한 에세이에서 푸코가 전개하는 이 새로운 개념은 광인의 경험이 결여하고 있는 특수성을 제공한다. 이것은 '오류' 개념으로, 우리 인식 환경의 규범들로부터의 특정한 일탈로 이해된다. 오류들은 전형적으로 그저 부정적인 것—진실에 도달하지 못한 것—으로 간주되어 왔지만, 푸코는 이것이 실재의 특정 개념화와 관련 있을 뿐이라고 지적한다. 보다 넓은 관점에서 보면, 하나의 인식 틀 안에서 오류로 여겨지는 것은 새로운 인식 틀을 전개하는 과정에서 진실로 발달할 가능성이 있는 것으로 드러날 수 있다. 예를 들어 지구가 태양 주위를 돈다는 코페르니쿠스의 생각은 아리스토텔레스와 프톨레마이오스 천문학의 세계에서는 순전히 부정적인 의미에서의 오류다. 하지만 그것은 17세기 새로운 천문학의 기초가 된다. 이런 식으로 지식은 그 자체로 오류의 한 형태로 이해되어야 한다.

오류로서의 지식이라는 이러한 생각은 푸코가 초기에 광인의 위반적 경험(더 일반적으로는 아방가르드 예술의 위반적 경험)을 받아들였던 것에 대한 구체적이기도 하고 효과적이기도 한 대응물이다. 오류는 그 자체로 일종의 위반이다. 그것은 우리의 개념적 환경이 설정한 경계들을 위반하는 것이다. 그것은 광기라는 우주적 섬광이 국지화되고 일상화된 버전이다. 하지만 오류가 형이상학의 드라마를 결여하고 있다 해도, 그것은 오류의 역사적 실효성에 의해 벌충되고도 남음이 있다. 오류는 분명 규범성 자체에 대한 무분별한 반항이기보다는, 특정 규범으로부터의 특정한 일탈을 나타내기 때문이다. 오류는 우리가 사는 세계로부터의 미학적 도피가 아니며, 오히려 이 세계의 실질적 변화에 영향을 미친다. 결국 푸코는 광기의 황홀경을 (창조적) 오류의 아이러니한 만족에 종속시키게 된다.

제 8 장

_____

중범죄와 처벌

1757년 1월 5일, 프랑스군 출신의 마흔네 살 로베르 다미앵은 칼을 들고 루이 15세에게 달려들어 작은 상처를 입혔다. 그는 저항 없이 항복했으며, 왕을 죽이려던 것이 아니라 단지 겁을 주려던 것이었다고 주장했다. 그럼에도 불구하고 그는 국왕 시해로(실은 존속살해로, 왜냐하면 왕은 백성들의 아버지이므로) 유죄 판결을 받았고 두 달도 안 되어 처형되었다. 수많은 군중이 참여한 공개 처형은 극적인 방식으로 잔인했다. 푸코는 목격자들의 보고를 인용해, 어떻게 다미앵의 사지가 당겨지고 그의 몸이 넷으로 쪼개졌는지, 고문의 세부 사항을 기술하면서 『감시와 처벌』을 시작한다. 그는 그 끔찍한 텍스트를 계속해서 논평하더니 갑자기 그로부터 80년 후, 파리의 소년범 구금 센터의 규정들을 이야기하는 1837년 텍스트로 옮겨간다. "수감자의 하루는 동절기에는 아침 6시, 하절기에는 5시에 시작된다. 그들은 1년 내내 하루 9시간 일할 것이다. 하루 2시간은 교육에 할애된다. 노동과 하루는 동절기에는 9시, 하절기에는 8시에 끝난다."(DP, 6에서 재인용)[1] 이 규칙과 비슷한 열한 개의 다른 규칙들을 더 인용한 후 푸코는 마침내 이런 논평을 시도한다. "우리에게는 공개 처형과 시간표가 있다."(DP, 7)[2]

이는 처벌 양식의 두 예시다. 첫 번째 예는 계몽주의 시대에 접어들고 나서도 한참 뒤에 일어나는 바람에 상당한 비판을 불러일으켰지만, 18세기 중반까지도 유럽에서는 중범죄에 대한 전형적인 처벌이었다. 두 번째 예는 '보다 온화한' 새로운 처벌 양식을 나타내는 것으로, 처벌에 대한 보다 문명화되고 인도주의적인 접근 방식의 산물인 듯 보인다. 푸코의 설명에 따르면 이 두 번째 단계는 결국 그가 '규율'이라고 부르는 본격적인 근대적 체계로 이어졌다.

대략적으로 말해 고문보다는 감금이라고 하는 이 새로운 아이디어는 감금이 고문보다 더 계몽된 방식, 점진적으로 발전된 방식이라고 생각하지만 정말 그럴까? 푸코는 이에 대해 의문을 품는다. "덜 처벌하는 것이 아니라 더 잘 처벌하는 것"(DP, 82)[3]이 핵심이었다고 보는 것이다.

그는 근대적 접근과 전근대적 접근을 대조해서 보여주는 것으로 시작한다. 네 가지 주요 전환이 있다.

(1) 처벌은 이제 주권자의 저항할 수 없는 불가항력의 공개적 과시가 아니라, 공공질서 유지에 필요한 제약을 난처하다는 듯 신중하게 적용하는 것이다.

(2) 처벌되는 것은 이제 중범죄가 아니라 중범죄자이며, 법의 관심사는 이제 중범죄자가 무엇을 했느냐가 아니라 무엇이 중범죄자로 하여금 범행할 수밖에 없게 했는가(환경, 유전, 부모의 행동들)이다.

(3) 처벌의 정확한 본질과 기간을 결정하는 자들은 이제 법에 따라 형벌을 부과하는 판관들이 아니라, 불확정적인 사법 판결을 어떻게 집행할지를 결정하는 '전문가'(정신과 의사, 사회복지사, 가석방 심의 위원회)다.

(4) 공언된 처벌의 목적은 이제 (타인을 저지하기 위한 것이든, 순수한 정의를 위한 것이든 간에) 보복이 아니라 중범죄자의 교화와 재활이다.

더 이상 중범죄자들의 사지를 찢지 않는 것이 진보라는 점은 푸코도 부정하지 않는다. 그러나 '보다 온화한' 방식의 어두운 면은 전면적 통제를 선호한다는 것이다. 어느 한 수준에서, 이것은 잔인하지만 목적이 불분명한 신체형으로부터, 덜 고통스럽지만 더 오지랖 넓은 심리적 통제로의 전환을 암시한다. 전근대의 처벌은 중범죄자의 신체를 폭력적으로 공격하지만 고통을 통한 보복에 만족하는 반면, 근대의 처벌은 내면의 변화, 마음으로부터 새로운 삶의 방식으로 전환하라고 요구한다. 하지만 이 근대적인 영혼의 통제는 그 자체로 신체에 대한 보다 더 교묘하고 더 구석구석 침투하는 통제를 위한 수단이다. 심리적 태도와 성향을 변화시키는 것의 핵심은 신체의 행동을 통제하는 것이기 때문이다. 푸코가 말했듯, 근대에 "영혼은 신체의 감옥이다."(DP, 30)[4]

『감시와 처벌』에서 가장 놀라운 주장은 중범죄자에게 도입된 훈육 테크닉들이 다른 근대적 통제 장소(학교, 병원, 공장 등)의 모델이 된다는 것, 그래서 감옥의 규율이 근대 사회 전체에 만연하게 된다는 것이다. 푸코에 따르면 우리는 '교도소 군도'에 살고 있다.(DP, 298)[5]

그러니까 예를 들어, 근대의 규율적 통제가 갖는 독특한 점은 군사 훈련에 대한 새로운 접근 방식에 있는 것처럼 보인다. 평범한 사람들이 적 살해의 의지 및 능력을 가질 수 있도록 고안된 훈련 말이다. 전근대의 훈련은 훈련을 시작하기에 알맞은 좋은 재료, 즉 힘과 태도와 타고난 용기 등을 갖춘 사람들을 찾는 데 초점을 맞추었다. 그러고 나서 자부심과 두려움을 통해 일반적인 방식으로 동기를 부여했다. 그러나 근대의 군인들은, 설령 처음에는 특별히 몸이 좋지 않았더라도 강도 높은 전문적 훈련을 통해 생산된다. 신병 훈련소는 당신을 군인으로 '만든다'. 모델이나 배우의 타고난 매력이 문제가 아니다. 중요한 것은 군인처럼 보이는 것이 아니라 실제로 군인이 되는 것이며, 이를 위해서는 체계적인 훈련이 필요하다.

규율적 훈련이 독특한 것은 첫째, 규율적 훈련이 신체 전체를 직접적으로 통제하는 것이 아니라 신체의 특정 부위를 세밀하게 통제하는 방식으로 운영되기 때문이다. 소총을 관리하고 사격하는 방법을 군인들에게 가르치기 위해 우리는 그 과정을 일련의 명확한 단계들로 세분화한다. 그들에게 작업의 전 과정을 보여주고 '이렇게 해'라고 말하는 것만이 문제가 아니다. 우리가 원하는 바를 그 군인이 어떤 식으로든 수행하는 것을 보는 일, 그 달성된 결과들에 초점이 맞춰지는 것이 아니다. 오히려 특정 절차들의 집합을 통해 결과를 달성하는 것이 핵심이다. 당신이 그저 적을 총으로 맞혔으면 하는 것이 아니다. 당신이 바로 이런 식으로 총을 잡았으면 좋겠고, 당신의 어깨 높이까지 바로 이런 식으로 총을 올려 잡았으면 좋겠고, 바로 이런 식으로 총열을 내려다봤으면 좋겠고, 이런 식으로 방아쇠를 당겼으면 좋겠는 것이다. 요컨대 이것은 미시 관리의 문제다. 푸코의 요약에 따르면 규율에 대한 근대적 접근에서 규율은 '유순한 신체', 즉 우리가 원하는 것을 할 뿐만 아니라, 명확하게 우리가 원하는 방식대로 그것을 하는 신체의 생산을 목표로 한다.(DP, 138)[6]

유순한 신체들은 서로 다른 세 가지 근대적 방식을 통해 생산된다. **계층적 관찰**은 우리가 사람들을 관찰하는 것만으로도 사람들이 하는 일을 통제할 수 있다는 명백한 사실에 근거한다. 성벽을 따라 세워진 감시탑이 그 고전적 예다. 하지만 근대의 권력은 그 테크닉을 새로운 수준으로 끌어 올렸다. 이전에 건축은 자신들의 웅장함을 과시하거나('궁궐의 화려함') 신민들이나 적들을 내려다보기에 유리한 지점을 제공하기 위해('요새의 기하학') 권력을 가진 사람들의 특권적 지위를 표현하는 것이었다.(DP, 172)[7] 하지만 근대의 건축은 평범한 사람들의 기능적 필요를 충족시키는 동시에 '안에 있는 사람들을 가시화'하는 구조를 구축한다. 그래서 이를테면 강의실의 계단식 좌석이나, 큰 창과 넓은 복도가 있는 밝은 교실들은 배움을 가능하게 할 뿐 아니라 모든 사람들이 뭘 하고 있는지를 교사가 아주 쉽게 볼 수 있도록 만들어주기도 한다. 유사한 테크닉들이 병실, 병영, 공장 작업장들에서 작동하고 있는데, 이것들은 모두 "개인을 변형하기 위해, 즉 거기 거주하는 자들에게 작용을 가하기 위해, 그들의 품행을 견제하기 위해 (…) 그것들을 알 수 있게 만들고, 그것들을 바꾸기 위해 작동

할 건축"의 예들이다.(DP, 172)[8]

푸코가 보기에 근대 규율권력의 이상적 건축 형식은, 최소한의 직원으로 수감자들을 최대한 통제하기 위해 제안된 제러미 벤담의 판옵티콘이다(도판 9). 판옵티콘에 가까운 감옥들은 20세기가 되어서야 지어졌지만, 판옵티콘의 원리는 근대 사회에 스며들게 되었다. 판옵티콘에서 각 수감자들은 다른 모든 수감자들로부터 분리되어 다른 모든 수감자들의 시선이 미치지 않는 별도의 감방에 있다. 게다가 그 감방들은 언제라도 감시자가 그 안을 들여다볼 수 있는 중앙 감시탑 주위에 원형으로 분포되어 있다. 통제의 원리는 관찰한다는 사실이 아니라 관찰할 수도 있다는 가능성이다. 실제로 감시자는 어느 주어진 감방을 가끔씩만 들여다본다. 하지만 수감자는 그때가 언제인지 알 길이 없으므로 언제나 자신이 관찰당하고 있다고 가정해야 한다. 그 결과 우리는 "권력의 자동 기능을 보장하는 영구적 가시성과 의식 상태를 수감자에게 유발"(DP, 201)[9]한다.

근대의 규율적 통제가 갖는 두 번째 두드러진 특징은 그것이 **규범화하는 판단**과 관련된다는 것이다. 개인들은 그들 행동의 본질적인 옳고 그름에 따라 판단되는 것이 아니라, 그들의 행동을 기반으로 다른 모든 사람들과 비교해 순위가 매겨진 어떤 등급에 그들이 위치하느냐에 따라 판단된다. 아이들

도판 9. 일망감시 감옥 디자인, 일리노이주 교도소, 1954.

은 읽기를 배우기만 해야 하는 것이 아니라 읽기 집단에서 상위 50퍼센트 안에 들어야 한다는 것이다. 어떤 식당은 단순히 좋은 음식을 제공하기만 해서는 안 되고 그 도시의 10대 업소 안에 들어야 한다는 것이다. 규범화와 관련된 이러한 생각은 우리 사회에 널리 퍼져 있다. 공식적인 수준에서 우리는 교육 프로그램, 의료 행위, 산업 공정 및 제품에 대한 국가 표준을 설정한다. 덜 공식적으로 우리는 관광지에서부터 우리의 체중, 성행위의 수준에 이르기까지 모든 것과 관련해서 순위가 매겨진 목록에 집착한다.

규범화하는 판단(도판 10)은 특히 만연해 있는 통제 수단이다. 그것을 피할 길은 없다. 왜냐하면 사실상 모든 수준의 성취에 대해, 가능한 더 높은 수준이 있다는 것을 척도가 보여 주기 때문이다. 게다가 규범은 특정 행동 양식이, 전근대적 권력의 과도한 폭력을 부르곤 했던 노골적 위반이 아닌데도 불구하고 그것들을 '비정상'으로 규정하며, 그것들은 사회적으로(심지어는 인간적으로) 수용할 수 있는 범위를 넘어선다고 간주한다. 비정상으로 판단될 수 있다는 위협은 우리 근대인들을 매 순간 구속한다.

마지막으로 **시험**은 계층적 관찰과 규범적 판단을 결합한다. 푸코에 따르면 그것은 '개인들을 구별하고 판단하는 가시성을 개인들 위에 확립하는, 규범화하는 시선'이다. 시험은

도판 10. 푸코와 판관들. 〈나, 피에르 리비에르〉 촬영 중에.

'힘의 전개와 진실의 확립'(DP, 184)[10]을 통일된 전체로 결합하는 까닭에 근대 권력/지식의 주된 장소다. 힘의 전개와 진실의 확립은 시험을 치르는 사람들(환자, 학생, 구직자)에 대한 진실을 이끌어내고, 시험이 설정한 규범들을 통해 그들의 행동을 통제한다.

시험은 또한 근대의 권력/지식 결합에서 개인의 새로운 위치를 드러낸다. 시험은 개인들을 '기록의 네트워크'(DP, 189)[11]에 배치한다. 시험 결과가 기록된 문서들은 시험을 치른 개인들에 대한 세세한 정보를 제공하고, 권력 체계들이 개인들을 통제할 수 있도록 한다(예를 들어 학교 출석부, 병원의 환자 차트). 이 기록들을 바탕으로 관리자는 지식의 기초가 되는 범주, 평균, 규범 들을 정식화할 수 있다. 시험은 과학적 사례와 돌봄의 대상이라는 두 가지 의미에서, 개인을 하나의 '사례'로 만든다(그리고 물론 푸코에게서 돌봄은 통제를 내포한다). 이 절차는 또한 가시성의 양극을 뒤집는다. 전근대 시기에 권력 행사 자체는 일반적으로 매우 눈에 잘 띄었지만(마을의 주둔군, 공개 처형) 지식의 대상들은 모호한 채였다. 하지만 근대에 권력 행사는 일반적으로 눈에 보이지 않지만 권력은 그 대상들을 매우 눈에 잘 보이게 함으로써 그들을 통제한다. 그리고 이제 가장 높은 가시성은 익명적이고 눈에 보이지 않는 공무원 집단이 유지하고 검토하는 두툼한 서류에 적힌 자들(중범죄자, 광인)에게 속한다.

어떤 면에서, 『감시와 처벌』은 『광기의 역사』가 광인들에 대해 했던 것을 수감자들에 대해 하고 있다. 『감시와 처벌』은 주변부 집단에 대한 소위 인도주의적 처우라고 하는 것을 분석하고, 그러한 처우가 그 고유의 지배 형태를 수반한다는 것을 보여준다. 『광기의 역사』에서와 달리 『감시와 처벌』에서의 분석은 사유 체계들에 대해서보다는 제도적 구조들의 인과적 기원에 더 초점을 맞춘다. 말하자면 『감시와 처벌』에서의 분석은 고고학적이라기보다는 계보학적이라고 할 수 있다. 하지만 이는 강조점의 차이일 뿐이다. 『감시와 처벌』의 계보학은 감옥에 대한 사유의 고고학에 기반하고, 『광기의 역사』는 광기에 대한 우리의 지각들이 제도적으로 초래한 결과를 주된 관심사로 삼기 때문이다.

『감시와 처벌』이 전작인 『광기의 역사』와 가장 차별화되는 지점은 감옥 모델이 근대 사회 전반에 전이되었다는 생각이다. 그 결과 『감시와 처벌』은 『광기의 역사』와는 달리 우리가 우리 자신을 '우리'(정상 사회)로 정의하기 위해 맞세우는 특수한 '타자'에 초점을 맞추지 않는다. 사회 자체가 지배받는 타자들의 다중으로서 나타난다. 중범죄자들뿐 아니라 학생들, 공장 노동자들, 군인들, 구매자들 등을 포함해서 말이다. 우리 각자는 다양한 방식으로 근대 권력의 지배하에 놓인 자들이다. 따라서 권력의 단일한 중심은 존재하지 않으며, 특권을 누리는 '우리'—이것과의 대조 속에서 소외된 '그들'이 정의된다— 따위도 없다. 권력은 사회 전체에 다수의 미시적 중심들로 분산되어 있다. 권력이 다수의 미시적 중심들로 분산되어 있다면, 발전의 배면에 있다고 상정되는 목적론도 없고, 지배계급이나 세계사적 과정도 없다는 말이 된다. 근대 권력은 조직화되지 않은 수많은 사소한 원인들이 계보의 방식으로 만들어낸 우연한 결과일 뿐이다.

근대 권력에 대한 푸코의 묘사는 대부분의 혁명 운동이 전제하는 것들, 특히 마르크스주의에 도전한다. 대부분의 혁명 운동들은 특정 집단이나 기관, 이를테면 부르주아지, 중앙은행, 군 최고 사령부, 관영 언론 등을 지배의 원천들로 식별하고, 이를 파괴하거나 전유함으로써 해방에 이르게 될 것이라 여긴다. 왕실과 몇몇 관련 기관에 권력이 실제로 집중되어 있던 전근대에는 그런 혁명이 성공적일 수 있었다. 마르크스주의자들은 예전 전쟁에서 계획을 짜던 전략가들과 같다. 왕은 이제 더 이상 존재하지 않는데도 프랑스 대혁명을 모델 삼아 왕의 목을 자르고자 하는 것이다. 관공서, 군부대, 관영 신문을 장악한 뒤에도 혁명에 저항하는 권력의 중심들이 수없이 많이 남아 있다. 푸코 자신이 "주인은 바뀌었으되, 사회적 위계질서, 가정생활, 성(性) 현상, 그리고 신체를 자본주의 사회에서와 거의 동일하게 유지하는 국가 기구의 예"로 소련을 인용한 바 있다.(P/K, 'Questions on Geography'(「지형학에 관한 물음」), 73) 혁명가들이 추구하는 근본적 전환은 국민들의 삶을 이루는 가장 세세한 사항들에 이르기까지 중앙의 통제를 요구한다. 아마도 여기에, 근대 혁명들의 전체주의적 추진력에 대한 푸코의 설명이 있는 것 같다.

이러한 분석은 반동적 결론을 제시한다. 의미 있는 혁명, 즉 진정한 해방이라는 것은 불가능하다는 결론, 요컨대 미시적인 중심들로 이루어진 근대적 권력망의 유일한 대안은 전체주의적 지배라는 결론 말이다. 푸코도 이것들이 유일한 지구적 대안들이라는 데 동의할 것이라고 생각한다. 하지만 그의 결론은 반동적 절망이라기보다는, 혁명적 해방은 전지구적 변혁을 필요로 한다는 가정의 부정일 것이다. 푸코에게 정치는—혁명적 정치조차도—늘 지역적(local)이다.

그러나 지역성(locality) 자체는 종종 반동의 피난처다. 특히 푸코가 말한 억압의 민주화, 즉 지역적 맥락에 따라서는 우리 모두가 피해자일 수 있다는 것을 감안한다면, 푸코는 어떻게 끝없는 일련의 사소한 시위들 속에서 실제 혁명이 소멸해 가는 것을 막을 수 있을까? 은행가, 변호사, 정교수 들도 모두 (이를테면 고용인들이나 소비자들과 마찬가지로) 합법적 착취에 대한 불만을 갖게 될 것이다. 하지만 여기서 푸코는 **주변부라**

는 개념을 고안해 주창한다. 그는 1970년대부터 광인을 근본 타자로 보는 낭만적 사유 대신 주변부 개념을 내세운 바 있다. 사회적으로 소외된 개인들과 집단들은 광인과는 달리 진정으로 현대 사회의 일부를 이룬다. 그들은 (사투리나 특정한 억양을 동반하는 경우는 있어도) 어쨌든 현대 사회의 언어를 사용하고 현대 사회의 가치들을 다수 공유하며 필수적인 사회적, 경제적 역할을 수행한다. 그러나 동시에, 그들은, 우리 대다수와는 달리 끊임없이 사회의 경계 지대에 놓인다. 그 이유는 다음의 둘 중 하나 혹은 둘 모두다. 그들의 삶은 사회의 주류를 이루는 가치에 반하는 가치에 의해 두드러지게 정의될 수 있다(동성애자, 일반적이지 않은 종교의 신도, 비서구 문화권에서 온 이민자들을 생각해보라). 아니면 그들은 주류 집단들의 복지에 체계적으로 종속된 복지를 누릴 수밖에 없는 집단에 속해 있을 수 있다(이를테면 이주 노동자, 빈민가 학교에 다니는 아이, 거리의 매춘부, 교도소의 수감자들을 생각해보라).

사회적으로 소외된 자들은 광인들과는 달리, 우리의 가치에 의미 있게 이의를 제시할 수 있는 가치들을 갖고 있으며, 우리 사회가 납득할 수 있는 수준에서 충족될 수 있는 욕구들을 갖고 있다. 따라서 그들의 관심사는 효과적인 정치적 행위를 위한 프로그램의 중심이 될 수 있다. 게다가 그러한 프로그램들은 유토피아적이고 전 지구적인 야망 없이도 진정으

로 혁명적일 수 있다. 광인들과 함께 진정으로 '우리'라고 말
하려면 우리는 우리의 핵심 가치들과 제도들을 파괴해야 하
지만, 주변부 사람들의 주장들은 완전한 전복 없이도 수정이
가능한 우리 사회의 특질들에 대한 비판을 기반으로 한다.

　주변부의 정치도 그 자체로 또다시 주변화하는 도구에 불
과한 것처럼 보일 수 있다. 주변부의 정치는 '그들'을 대변해
권리를 주장하는 '우리'로 이루어져 있기 때문이다. 푸코는
이러한 위험에 대해 잘 알고 있었고, 다만 사회적으로 소외된
집단들이 목소리를 높이고 그 목소리가 경청될 수 있는 기회
를 그들에게 제공하도록 고안된 정치적 행위들을 주장한 바
있다. 이를테면 감옥정보그룹, GIP(Groupe d'Information sur
les Prisons)가 있다. 푸코는 1970년대 초 그의 동반자 다니엘
드페르와 함께 감옥정보그룹을 설립하고, 유명 지식인으로
서의 지위를 이용해, 자기 자신을 위해 직접 발언하는 수감자
들이 언론의 관심을 받을 수 있도록 했다.

　주변부성은 우리가 앞서 인식론적 맥락에서 오류라는 것
으로 만났던 적 있는 것의 정치적 대응물이다. 물론 정치적
관점에서 볼 때 오류는 거짓인 명제로만 이해되어서는 안 되
고, 비언어적인 것, 즉 부적절한 행동이나 잘못된 가치들로도
이해되어야 한다. 내가 이해하는 푸코의 정치는, 어떤 집단을
사회적으로 소외시키는 '오류'가 주류 사회의 '진실'과 창의

적으로 상호작용할 수 있도록 허용하려는 노력이다. 그 노력이 성공한다면 주변부 집단은 더 이상 지배의 특정 대상이 아니게 될 것이고, 사회 전체는 이전에 오류라고 거부했던 것에 의해 변화되고 풍요로워질 것이다.

어쩌면 내가 '창조적 상호작용'이라고 부르는 것이, 주변부 집단을 사회적 주류에 동화시킴으로써 그들의 가장 독특한 가치들을 파괴하는 것을 포장하는 듯이 보일 수도 있다. 하지만 상호작용이라고 해서 반드시 평준화하는 동화를 수반할 필요는 없다. 특히 상호작용의 관점에서 주변부 집단에 진지한 목소리를 부여함으로써 달성되는 상호작용이라면 말이다. 반면, 어떤 특정 주변부 집단이 상호작용 할 만한 가치가 있는지, 어느 정도까지 그럴 만한 가치가 있는지와 관련된 반대 질문이 있다. (네오나치나 종말론적 종교를 추종하는 광신도들 같은) 특정 주변부 집단의 필요나 가치들은 우리의 기본 가치들과 도저히 양립할 수 없다고, 기껏해야 묵인해줄 수 있는 정도라고 우리가 결정하는 것도 아주 정당한 일이다.

마지막 어려움은 이것이다. 왜 우리의 정치적 실천이 이렇게나 주변부 집단에 집중되어야 할까? 예를 들어 주류 가치들에 대한 우리의 헌신을 심화하거나 그 가치들을 다른 사회들로까지 확장하려는 신보수주의 정치는 왜 안 된단 말인가? 이것은 푸코처럼 자기비판과 타자에 대한 이해가 우리의 정치적 의제의 핵심이 되어야 한다는 자유주의적 가정을 공유하는 사람들에게는 매우 중요한 질문이다. 안됐지만 존 롤스 같은 다른 자유주의자들과 달리, 푸코에게는 이 물음에 답할 만한 것이 거의 없다. 그의 정치적 입장은 그저 끊임없는 자기 변형에 대한 개인적 전념에서 비롯되는 것처럼 보인다. 주변부 집단에 대한 그의 관심은 어떤 정체성에 갇혀 있는 것에 대한 그의 혐오에서 비롯된 것이다. 여기서 푸코에게 정치적인 것은 근본적으로 개인적인 것이다. 그의 혐오를 공유하지 않는 자들에게, 그는—유사한 맥락에서 이미 사용한 적 있는 말들로—이렇게 답할 수 있을 뿐이다. "우리는 같은 행성에서 오지 않았다."(UP, 7)[12]

제 9 장

근대의 성

　　푸코는 동성애자였으므로, 근대의 성 현상의 역사를 쓴다
는 것은 그에게 특히 사적인 기획이었을 것이다. 그의 전기 작
가들은 청소년이었던 그가 자신의 성적 관심 때문에 고통스
러워했었다고 암시한다. 푸코가 청소년이었던 1940~50년대
의 프랑스 사회는 그러한 성적 관심들에 대해 대체로 수치스
러워하거나 격분했기 때문이다. 고등사범학교의 일반적으로
관대한 환경조차 동성애에 전적으로 호의적이지는 않았다.
푸코는 자기가 스웨덴에서의 일자리 제안을 받아들였던 이
유들 중에 성적으로 보다 개방된 분위기를 찾고자 했던 열망
도 있었다고 밝힌다. 물론 그 희망이 완전히 충족되지는 않았
지만 말이다. 푸코의 성생활에 대한 세부 사항들은 개략적으

로만 남아 있을 뿐이다—시시콜콜한 것까지 굳이 남아 있어
야 할 이유는 또 뭐란 말인가? 그럼에도 불구하고 게이로서
의 주변부성의 경험이 그의 삶에서 중요한 한 부분을 차지하
고 있었다고 생각할 만한 충분한 이유가 있다. 그렇지만 그는
다른 그 어떤 정체성도 받아들이고 싶어 하지 않았던 것과 마
찬가지로 '동성애자'라는 정체성도 받아들이고 싶어 하지 않
았다. 그가 '남성 동성애자'로서 글을 쓰거나 발언한 적은 거
의 없다. 예를 들어 게이 관련 간행물들과 가졌던 몇 번인가
의 인터뷰에서도 그랬다. 게이 커뮤니티 활동가에 대한 그의
태도는 함께 연루되어 있는 참여자라기보다는 공감하는 관
찰자의 태도에 가깝다. 그를 가장 매료했던 것은 그 시절 게
이들이 시작하고 있던 모험들이었다. 푸코는 그것이 새로운
형태의 인간 공동체와 새로운 형태의 정체성을 모색하는 것
이라 보았기 때문이다.

　어쨌든 동성애는 푸코의 『성의 역사』에서 다뤄져야 할 수
많은 주제들 중 하나에 불과했다. 『성의 역사』 시리즈에는 '성
도착자'라는 제목의 책 외에도 어린이, 여성, 부부에 관한 책
도 있을 예정이었기 때문이다. 더욱이 이 시리즈 기획 중에서
유일하게 실제 출간된 책인, 이 기획에 대한 일반적 소개에
해당하는 『성의 역사 1: 앎의 의지』가 보여주는 바에 따르면,
그가 『감시와 처벌』에서 그렸던 것과 마찬가지 방식으로, 그

러나 이번에는 그 논의 대상을 사회적으로 소외된 집단 너머로 확장하여 근대 사회의 모든 사람들을 다루게 될 터였다. 사실 애초부터 성 현상에 대한 푸코의 작업이 권력 관계를 넘어서는 차원을 전개하고 있었다는 것은 분명해 보인다. 푸코의 작업은 이제 주체 형성의 역사가 되어가고 있었다. 정치적 의미에서뿐 아니라 심리적이고 윤리적인 의미에서도 말이다.

　그러나 출발점은 여전히 근대 권력 개념이다. 푸코의 근대 권력 개념은 『성의 역사 1: 앎의 의지』에 가장 명시적으로 제시되어 있다. 결과적으로 푸코가 성 현상을 다루는 초기의 방식은 『감시와 처벌』에서의 계보학적 방법론을 상당히 직접적으로 확장한 것이다. 이 방법론은 성 현상에 대한 다양한 근대 지식 체계, 즉 성 현상에 관한 학문들(성과학)에 적용된다. 그것들이 근대 사회 권력 구조와 얼마나 밀접하게 연관되어 있는지를 보여주기 위해서다. 푸코의 논의에서 이러한 견해는 그가 '억압 가설'이라 부르는 것에 초점을 맞춘다. 억압 가설이란 (18세기 초에 시작되어, 빅토리아 시대에 정점을 찍었고, 오늘날에도 여전히 강력한 영향력을 행사하는) 성에 대한 근대 사회의 기본 태도가 부정적이었다는 일반적 가정이다. 일부일처 혼인이라는 빈틈없이 경계 설정된 영역 바깥에서 성 현상은 반대되고 침묵당했으며 가능한 한 제거되었다는 것이다.

　성이 억압당했다는 사실 자체를 푸코가 부정하는 것은 아니다. 빅토리아 시대에 사람들은 젖가슴을 가렸고 문학을 검열했으며 자위행위에 반대하는 격렬한 캠페인을 벌였다. 하지만 푸코는 근대 권력이 주로 억압을 통해 행사되는 것은 아니며, 따라서 억압에 반대하는 것은 근대 권력에 저항하는 효과적인 방법이 아니라고 주장한다. 그에 따르면 근대 권력은 오히려 새로운 형태의 성 현상에 관한 담론을 발명해냄으로써 새로운 형태의 성 현상을 창조했다. 예를 들어 동성 간의 관계들은 인류사 내내 있어왔지만, 뚜렷하게 구별되는 범주로서의 동성애는 성 현상에 관한 근대 학문들의 권력/지식 체계에 의해 창조되었다는 것이다. 동성애라는 범주의 심리적, 생리적, 심지어는 유전적 특성을 정의함으로써 말이다.

푸코에 따르면, 성의 억압은 피상적인 현상일 뿐이고, 훨씬 더 의미심장하게 봐야 할 것은 17세기 반종교개혁 운동이 제도화한 고해라는 실천과 더불어 시작된, 성에 관해 말하는 '담론의 진정한 폭발'(HS, 17)[1]이다. 고해자들은 전례 없이 철저하게, 그리고 이전과는 미묘하게 차이 나는 방식으로 그들의 '의식을 점검'하라고 요구받았다. "아내가 아닌 다른 여인과 잤습니다"라고 말하는 것만으로는 충분치 않았다. 몇 번이었는지, 어떤 종류의 행위들이 수반되었는지, 그 여인도 결혼한 상태였는지 등을 말해야 했다. 노골적인 행위들을 보고하는 것으로도 충분치 않았다. 생각과 욕망도 똑같이 중요했다. 그런 생각이나 욕망이 실제로 행해지지 않았더라도 말이다. 하지만 여기서도 "아내가 아닌 다른 여인과 자는 것에 관해 생각했습니다"라고 말하는 것만으로는 충분치 않았다. 당신은 또한 다음과 같은 것들을 명확히 밝혀야 했다. 그런 생각에 깊이 잠겨 있었는지, 그 생각을 즉시 떨쳐내기보다는 거기서 즐거움을 찾았는지, 그리고 만약 그것을 즐겼다면 그 이유가 어떤 부주의 때문이었는지 아니면 '의지의 완전한 동의' 때문이었는지 말이다. 이 모든 요소들이 필요했던 이유는 고해 사제가 죄의 정도(이를테면 대죄냐 소죄냐)를 결정하고 적절한 보속(補贖)을 부과하며 도덕적 개선을 위한 조언을 제공하기 위해서였다. 그 결과 고해자들은 그 어느 때보다 깊고 엄밀한 자기 인식을 얻게 되었고, 내면의 성적 본성들을 가능한 한 완전하게 드러낸 '자기 해석학'의 성과를 얻게 되었다. 하지만 푸코에 따르면, 원래부터 거기 있었기 때문에 발견되는 성적 본성들보다는 필수적으로 요구되는 이 자기 점검에 의해 구성되는 성적 본성이 더 많다. 내가 성적으로 어떤 사람인지는 내가 고해할 때 사용해야 하는 범주들이 어떤 것들이냐에 따라 달라질 수 있다는 것이다.

근대 성 현상의 역사는 상당 부분 종교에서의 자기 인식 테크닉들이 세속적으로 응용되고 확장되어온 역사다. 사제에게는 더 이상 고백하지 않을지도 모른다. 하지만 의사, 정신

과 의사, 가장 친한 친구, 아니면 하다못해 자기 자신에게라
도 고백한다는 것은 확실하다. 그리고 한 사람의 성적 본성의
가능성들을 정의하는 범주들은 스스로 선택하는 것이기보다
는 새로운 근대 성과학들의 '전문가들', 이를테면 프로이트,
크라프트에빙, 해블록 엘리스, 마거릿 미드 등의 권위에 기대
받아들이는 것이다. 이런 전문가들은 실제로는 행동에 대한
새로운 사회적 규범에 불과한 것을 인간 본성과 관련된 발견
들이라고 제시한다.

물론 사회적 구성물로서의 성 현상과 생물학적 현실로서
의 성은 구별된다. 푸코는 이에 대해 부인하지 않는다. 이를
테면 인간의 생식에 관한 부인할 수 없는 생리학적 사실이 있
다는 것 말이다. 하지만 푸코는 여전히 이렇게 주장한다. 우
리가 일단 순전한 생물학으로부터 벗어나, 심리학이나 인류
학 등에서의 개념들로, 그 불가피하게 해석학적이고 규범적
인 개념들로 이동하게 되면 이러한 구별이 무너진다고 말이
다. 이를테면 오이디푸스 콤플렉스는 부르주아 가정의 의미
및 가치와 관련된 가정(假定)들과 연결되어 있다. 그것은 임
신의 생리학과 같은 종류의, 또 다른 사실이 아니다. 심지어
는 단순한 생물학적 사실처럼 보이는 것, 이를테면 남성과 여
성의 구별 역시, 19세기의 자웅동체 에르퀼린 바르뱅의 사례
를 통해 입증되듯, 규범적이고 사회적인 의미를 갖는 것으로

드러날 수 있다. 그녀는 여성으로 자랐지만 20대에 의사들의 정밀 검사를 받게 되는데, 그들은 그녀가 사실상 남성이라고 결정한 뒤 그녀에게 남성으로 살도록 강요했다. 푸코는 바르뱅이 서른에 자살하기 전에 쓴 가슴 아픈 회고록을 출간했다.

억압 가설에 대한 그의 비판을 고려한다면, 푸코는 그가 작업했던 감옥의 역사와 대개 유사한 방식으로 성 현상의 역사를 전개할 수 있다. 근대의 범죄학들이 사회적 기능장애의 범주들(비행 청소년, 도벽, 약물 중독자, 연쇄 살인마 등)을 정의하는 것과 꼭 마찬가지로, 근대의 성과학들도 성적 기능장애의 범주들(동성애자, 님포마니악, 페티시스트)을 정의한다. 사회적 기능장애의 범주들은 근대 범죄학의 '대상들(subjects)'과 관련해 지식의 원천인 동시에 통제의 원천이 되고, 성적 기능장애의 범주들은 권력/지식과 아주 유사한 역할을 한다.

푸코는 1860년대 프랑스 촌 동네에 살았던 마흔 살 농장 노동자 샤를 주이의 사례를 인용한다. 주이는 사생아로 교육을 받지 못했으며 마을 사회 변두리에 살면서 아무도 하지 않으려 하는 일을 하고 가장 낮은 수준의 급여를 받는 '동네 바보'였다. 그가 성적 관심을 보이면 여자들과 나이를 좀 먹은 여자아이들은 그를 조롱했다. 하지만 한 어린 소녀 소피 아당은 그 지역 어린 소년, 소녀 들 사이에서는 흔한 일이었던 자위 놀이를 그와 함께 하기로 동의했다. 그로부터 얼마 지나지 않아 마을 박람회에서 주이는 아당을 도랑으로 끌어들였다. 혹은 아당이 그를 끌어당겼을 수도 있다고 푸코는 생각한다. 푸코가 "거의 강간에 가까웠던 것 같다"고 말한 일이 있은 후 주이는 그녀에게 푼돈을 쥐어주었고 그녀는 아몬드를 사기 위해 달아났다. 푸코는 이 활동을 "무해한 포옹"으로 묘사하지만, 아당의 어머니는 무슨 일이 일어났는지 알아채고는 주이를 당국에 신고했고, 당국은 성 현상에 관한 새로운 학문으로 그에게 맹공을 퍼부었다. 저명한 외부 전문가들은 법적이고 의학적인 상세한 검사들을 실시했다. 주이는 무죄판결을 받았지만, '저능아'에 해당되는 신체적 퇴화가 있다고 해서 '저능아'로 진단받은 다음, "의학과 지식의 순수한 대상"(HS, 32)[2]으로서 남은 평생 정신요양원에 감금되었다. 마을 사람들은 소피 아당이 '나쁜 성향'을 극복해야 한다면서 그녀를 '교화원'에 보내기로 결정했다.(*Abnormal*, 295)[3]

이 사례에 대한 푸코의 반응은 많은 사람들의 눈살을 찌푸리게 했다.

이 이야기에서 두드러지는 것은 무엇인가? 바로 그것의 사소함이다. 마을의 성 현상에서 일상적으로 발생하는 이러한 하찮은 목가적 쾌락이 특정 시점부터 집단적 불관용의 대상이 될 수 있을 뿐만 아니라 사법 조치, 의학의 개입, 주의 깊은 임상

검사, 전체적인 이론적 정교화의 대상이 될 수 있다는 것이다.

그의 발언은 여성에 대한 성적 학대를 남성들이 별것 아닌 걸로 치부하는 것에 맞서 오랜 기간 투쟁해온 페미니스트들을 특히나 혼란스럽게 한다. 린다 알코프는 푸코의 가정, 그러니까 주이는 어린아이를 성추행할 생각이 없었고 정신적 외상을 입었을 가능성이 매우 높은 피해자였다는 가정이 '남성주의적'이라면서, 이에 맞서는 영향력 있는 주장을 펼쳤다. 그녀에 따르면 푸코는 '전형적인 성인 남성이 갖는 유형의 인식론적 오만'을 가지고, 소피 아당에게 일어난 일에는 관심을 보이지 않으면서, 아이들이 종종 자발적으로 성인들의 성적 파트너가 된다고 하는 낡고 신빙성 없는 변명에 지지를 보내고 있다. 대부분의 페미니스트들은 기본적으로 알코프에 동의하지만, 셸리 트리메인은 그녀의 주장을 맹렬히 비판했다. 알코프는 두드러지게 전근대적인 주이의 세계에서도 근대의 의학/법률 범주들이 타당할 거라고 잘못 가정하고 있다는 것이다. 트리메인은 또한 알코프에 대한 열세를 뒤집으려고 시도하면서, 오늘날의 용어로 말하자면 주이는, 도덕적으로 비난당해야 하기보다는 공감적 도움을 필요로 하는 장애를 앓고 있다고 말한다.

푸코는 근대 성 현상에 관한 네 권의 책을 추가로 구상했다. 이 중 세 권은 사회적으로 소외된 특정 집단을 다루려던 것이었다. 그중 첫 번째인 『어린이 십자군』에서는 자위행위 억제 캠페인의 대상이 되는 어린이를 다루려 했다. 두 번째인 『여성 신체의 히스테리화』에서는 성적인 원인을 갖는다고 여겨지는 히스테리 장애의 주체들로서의 여성을 다루려 했다. 세 번째인 『성도착자들』에서는 동성애자를 비롯해 성적으로 '비정상'이라고 판단당하는 집단들을 다루려 했다.[4] 이 모든 집단들은 『감시와 처벌』에서의 중범죄자들과 마찬가지로, 계층적 관찰과 규범화하는 판단들에 의해 구성되고 통제되었다. 더욱이 중범죄의 경우에서와 마찬가지로 목표로 설정되는 행동들을 제거할 수 있는 실질적 가능성도 없고 상당하게 줄일 수 있는 가능성조차도 없었기 때문에, 권력 장치의 기능은 사실상 그저 인구의 일부를 통제하는 것이었다. 네 번째 책으로 기획된 것은 『멜더스주의적 부부』였는데, 여기서 푸코의 주제는 인구를 제한하고 인구의 질을 향상시키기 위해 고안된 다양한 권력 구조들이었다. 이 책은, 다시 한번 『감시와 처벌』에서와 마찬가지로, 규율 권력이 사회적으로 소외되지 않은 집단들로까지 확장되는 것으로 어렵지 않게 파악될 수 있다.

『성의 역사』 시리즈의 서문에 해당하는 『성의 역사 1: 앎의 의지』 마지막 장에서 푸코는 성 현상 자체를 넘어서 생

명관리권력이라는 개념을 전개하는 것으로 보인다. 생명관
리권력은 살아 있는 존재들로서의 우리, 즉 성적 기준들뿐만
아니라 생물학적 정상성의 기준에 종속된 존재로서의 우리
를 향하는 모든 형태의 근대 권력을 아우른다. 생명관리권력
은 두 수준에서 작동하는 절차인 "생명을 관리하는 작업"과
관련된다. 그 첫 번째 수준인 개인의 수준에는 "인간 신체의
해부-정치"가 있고, 두 번째 수준인 사회 집단들의 수준에는
"인구의 생명관리정치"가 있다.(HS, 139)[5] 첫 번째 수준은, 건
강한 개인을 정의하는 의학적 규범이 갖는 (사회적이고 경제적
인 맥락을 포함하는 넓은 의미에서의) 정치적 중요성을 명시하
면서, 『임상의학의 탄생』에서 의학을 주로 인식론적으로 다
루었던 것을 간접적으로 보완한다. 그래서 이를테면 근대 의
학에서의 비만 개념은 소외된 사회 계층으로서의 "뚱뚱한 사
람들"에 해당하며, 질병에 대한 근대적 약물 치료 기술은 제
약 산업의 자본 환경과 불가분의 관계에 있다. 두 번째 수준
은 국가 전체의 인구에 초점을 맞추는 근대적 관점과 관련된
다. 근대에는 국가 전체의 인구를 보호되고 감독되며 개선되
어야 할 자원으로 보는 것이다. 따라서 자본주의는 적절한 노
동력의 확보를 위해 보편적 의료 서비스와 보편적 교육을 요
구하고, 인종 차별적 이데올로기들은 인구의 순수한 '혈통'을
지키기 위해 우생학적 조치를 요구하며, 군사 기획자들은 군

대들끼리 맞서는 전투뿐 아니라 전체 인구들이 맞서는 전투로서의 '총력전' 개념을 발전시킨다. 그렇다면 우리는 근대성 현상의 역사라는 푸코의 기획이 애초부터 근대 생명관리권력의 역사로 확장되고 있다는 것을 알 수 있다.

더 중요한 것은 푸코가 "주체의 역사"라고 부르게 되는 것을 향하는, 또 다른 방향의 확장일 것이다. "주체의 역사"는 이미 『감시와 처벌』에서 등장하기 시작했다. 거기서 푸코(도판 11)는 때로 규율적 통제의 대상들이 어떻게 규범들을 스스로 내면화하고 자기 자신의 행동을 감시하게 되는지 언급했다. 성 현상의 맥락에서는 이 현상이 가장 중요해진다. 왜냐하면 개인들은 자신들의 근본 본성을 성적인 존재로 이해하고, 이러한 자기 인식을 바탕으로 자신들의 삶을 변화시켜야 하기 때문이다. 결과적으로 우리는 우리에 대한 전문 지식을 가진 분야의 **대상들**로서만 통제되는 것이 아니라, 우리 자신의 지식을 스스로 철저히 검토하고 스스로 형성하는 **주체들**로서도 통제되는 것이다. 이 새로운 관점은 푸코로 하여금 성 해방이라는 근대적 이상에 의문을 제기하게 한다. 나는 자기 성찰을 통해 나의 깊은 성적 본성을 발견하고 다양한 심리적 저항과 신경증들을 극복함으로써 그 깊은 성적 본성을 표현하게 된다. 그러나 나는 정말로 나 자신을 자유롭게 하고 있는가? 아니면 새로운 일련의 규범들에 맞춰 내 삶을 재구

도판 11. 1979년의 푸코.

성하고 있을 뿐일까? 난잡함 역시 일부일처제만큼이나 어떤 이상(理想)을 요구하고 있지 않은가? 성행위 시의 체위를 정상위로 제한하는 내숭만큼이나 성적으로 대담해지라는 명령 역시 거추장스럽기는 마찬가지 아닌가? 우리를 해방된 성 현상의 삶으로 인도하는 잡지, 자기계발서, 섹스 매뉴얼 들은 우리의 성적 매력과 성적 수행 능력에 대한 불안과 두려움을 우리 안에 불러일으킨다. 우리의 할머니, 할아버지 시대에는 성적 방종의 위험에 대한 설교와 소책자들이 그들에게 그랬던 것처럼 말이다. 더 중요한 것이 있다. 우리의 할머니, 할아버지 들과는 달리 전통적인 도덕의 요구를 받아들이지 않고 해방의 요구를 받아들이는 것이 과연 내 '진정한 본성'을 조금이라도 더 잘 표현하는 것일까? 푸코는 두 경우 모두에서, 그 받아들임이 그저 외부 규범들의 내면화일 수 있다고 말하는 것이다. 우리의 성 현상에 우리가 끝없는 집착하는 것의 아이러니는, 푸코에 따르면, 그러한 집착이 해방과 관계가 있다고 생각한다는 데 있다.(HS, 159)[6]

푸코의 새로운 관점은 성 현상에 대한 그의 연구가 실제로는 개인이 주체가 되는 과정을 이해하려는 노력의 일환이라는 생각으로 이어졌다. 푸코는 자신이 성 현상의 역사보다도 주체의 역사를 쓰고 있었다고 결론짓는다. 이러한 전환이 일어나게 된 것은 성 현상이 자아로서의 혹은 주체로서의 우리 정체성에 필수적인 구성 요소로 간주되고 있다는 것을 푸코가 발견했기 때문이다. 내가 동성애자라고 말하는 것, 혹은 내가 알베르틴에게 사로잡혀 있다고 말하는 것은 내 주체성의 구체성 안에서 내가 누구인지와 관련해 핵심적인 뭔가를 말하는 것이다. 여기서 푸코는, 예전에는 경험의 철학보다는 개념의 철학을 선택함으로써 거부했던, 개인의 의식이라는 관점으로 되돌아가는 것처럼 보인다. 하지만 나는 그가 결코 그러한 관점을 떠난 적이 없으며, 다만 주체성도 근본적으로 역사적 성격을 갖는다는 사실을 무시하는, 주체성에 대한 초월론적[선험적] 해석을 거부했을 따름이라고 생각한다. 어쨌든 그는 이제 우리가 주체가 되는 역사적 과정을 설명해야 할 필요가 있다고 느꼈으며, 자신이 그걸 설명할 수 있다고도 느꼈다. 문제는 어떻게 무의식으로부터 의식이 나오느냐가 아니다. 문제는 어떻게 의식 있는 존재가 특정 정체성을 지니게 되는지, 즉 자신의 존재에 특정한 의미와 목적을 부여하는 주어진 일련의 윤리 규범들에 의해 자기가 규제되고 있다고 생각하게 되는지다.

『성의 역사』에서, 푸코는 (앞서 논의한 고해 실천의 경우에서처럼) 그리스도교의 자기 해석학이 세속화됨으로써 윤리적 자기에 대한 근대적 의식이 출현하는 방식을 살펴보기 시작했다. 그의 원래 계획은 성 현상에 대한 중세 그리스도교적 관점에 관한 별도의 책에서 이 주제를 발전시키는 것이었다. 이 책이 『성의 역사』의 두 번째 권이 되고, 어린이, 여성, 성도착자, 부부에 관한 네 권의 책이 뒤따를 터였다. (푸코는 이 책의 초고를 집필해놓았지만 사망하는 바람에 출간에 이르지는 못했다. 이에 대해서는 11장에서 보게 될 것이다.)

하지만 자신의 기획에 대해 더 깊이 숙고하면서, 푸코는 성 현상과 자기에 대한 중세적 관점에서 시작할 것이 아니라 그리스 로마적 관점에서 시작할 필요가 있다고 결정했다. 그는 자기에 대한 그리스도교의 해석학적 관점을 제대로 이해하기 위해서는 그 기원을 추적해야 하고 그것이 고대의 생각들과 어떻게 달랐는지를 추적해야 한다고 결론 내렸다. 그는 학창 시절에 배웠던 희랍어와 라틴어를 다시 공부하기 시작했고 콜레주드프랑스에서 친구가 된 두 동료, 즉 로마사가 폴 벤느, 고대 철학사가 피에르 아도와 많은 토론을 했다. 이 중대한 방향 전환과, 마침내 그를 죽음으로 몰아넣은 에이즈로 인한 건강 악화 때문에 이 기획은 심각하게 지연되었다. 푸코의 사망 직전인 1984년에 이르러서야 고대 세계에 관한 두 권의 책이 출간될 수 있었다. 『성의 역사 2: 쾌락의 활용』에서는 기원전 4세기의 그리스 텍스트들을 논의했고, 『성의 역사 3: 자기배려』에서는 기원전 1세기부터 기원후 1세기까지의 그리스와 로마 텍스트들을 다루었다.

이 책들의 제목은 푸코의 『성의 역사』의 제2권과 제3권이 되었지만, 우리가 여기서 논의한 제1권이 그것들의 서론으로 간주될 수는 없다. 대략적으로 말하자면 『성의 역사 1』에서 소개하는 것은 근대 성 현상을 생명관리권력의 한 예로서 연구하는 기획이다. 여기서 생명관리권력은 개인과 집단에 대한 사회적, 정치적 통제의 기반을 이루는 것으로서의, 넓은 의미에서의 생물학적 지식을 말한다. 이 기획은 결국 실현되지 못했지만, 『성의 역사 1』 전후로 푸코의 여러 글들에는 그 기획의 파편들이 흩어져 있다. 제2권과 제3권은 자기의 윤리적 형성의 한 예로서 고대의 성 현상에 관해 연구한 것의 일부다. 자기에 대한 그리스도교적 해석학이라는 주제를 공유하고 있긴 하지만, 생명관리권력에 대한 초기의 관심과 겹치는 부분은 없다. 푸코가 이 두 권의 책을 그가 애초에 기획했던 성 현상의 역사의 연장선상에 놓이는 책들로 제시한 것은 오해의 소지가 있었다. 생명관리권력과 자기 형성을 통해 성 현상에 접근하는 좀 더 광범위한 기획을 그가 구상했을 수도 있다. 그러나 그의 삶의 마지막 순간에 그는 오히려 성 현상의 역사에서 멀어지고 있었던 것 같다. 앞으로 보겠지만, 그의 새로운 방향은 주체의 형성을 성 현상이 아니라, 그가 '진실 게임'이라 부르게 되는 것과 연결하기 때문이다.

제 10 장

_____

고대의 성

　푸코의 짓궂고 강렬한 산문의 모호함과 씨름해본 사람이라면 그의 마지막 두 권의 책에서 만나게 되는 쉽고 명료한 글쓰기에 크게 안도한다. 그를 죽음에 이르게 한 병이 그의 글쓰기에 반영된 평화로운 화해로 이어졌던 걸까? 아니면 죽기 전에 이 기획을 끝내고 싶었던 나머지, 바로크적으로 뒤얽을 시간을 갖지 못했던 걸까? 내 생각에 오히려 푸코는 그로 하여금 매우 자주 '참을 수 없다'고 느끼게 하는 현재에는 더 이상 존재하지 않는 어떤 세계로 들어갔던 것 같다. 그 세계는 그에게 대단히 매력적으로 여겨지는 존재의 양식을 제안했다.

　자기의 윤리적 형성이라고 하는 그의 주제는 물론 근대 권력관계에 대한 그의 분석에서 나왔다. 그는 근대 권력관계가 우리 개인의 정체성까지 관통하고 있다고 보았다. 고정된 정체성에 대해 그가 그토록 저항했던 이유는, 자기가 자율적으로 선택한 정체성처럼 보일 수 있는 것조차 사회적 규범의 내면화일 수 있다는 깨달음 때문이었다. 그러나 자기에 대한 그리스도교적 해석학과, 그것을 세속적으로 계승한 근대의 여러 후계자들 너머로, 푸코가 윤리적 정체성의 역사적 구성을 추적하게 되면서, 지배하는 권력의 입지는 푸코의 논의에서 매우 좁아지게 되었다.

　푸코는 '신민'이라는 의미와 '주체'라는 의미를 동시에 갖고 있는 'subject'라는 용어의 이중성을 여전히 활용하면서, 윤리적 코드가 개인들의 삶에 들어가 그들의 정체성을 구성하는 "주체화의 양식들"에 관해 이야기한다. 그리고 그가 고대 텍스트들에 대한 고고학적 분석으로부터 끌어낸 주체화의 일반 구조는 분명 권력관계들에 열려 있다. 이 구조의 토대에는 성행위와 관련된 행동들(그리스인들은 이를 '타 아프로디지아(ta aphrodisia)', 즉 '아프로디테와 관련된 것들'이라 불렀으며, 푸코는 이를 '윤리적 실체'라고 부른다)이 놓여 있다. 그것은 개인들이 윤리적 코드의 주체로 만들어진다는 의미까지 포함한다. 푸코가 '예속화 양식'이라 부르는 이것은 사회적 관습에 순응하는 것에서부터 자기 실현 프로그램의 수행에 이

르기까지의 모든 문제일 수 있다. 도덕 코드에 예속된다는 것
이 무엇을 의미하는지에 대해 묻는 것을 넘어, 예속화에 사용
되는 특수한 수단들, 즉 "구축 형식"에 대한 물음이 제기된다.
그 구축 형식에는 이를테면 실천적 규칙들을 자발적으로 따
르거나, 반대로 갑작스럽게 압도당하듯 개종하는 것 모두가
포함된다. 마지막으로, 도덕성의 기획을 위해 구상된 궁극적
목표(telos)가 있다. 이를테면 내세를 위해 자기지배나 정화에
이르는 것이다.

　이 도식은 권력의 작동을 허용하지만, 푸코가 이 도식을 고
대의 성 윤리에 적용하는 방식에서는, 자신들의 운명을 통제
하는 것처럼 보이는 개인들이 수행하는 것으로서의 윤리적
주체화가 강조되고 있다. 그들은, 앞서 든 예들 중 몇몇을 결
합해 자기제어 능력을 갖추기 위해 고안된 일련의 실천들("자
기 테크닉들")에 꼼꼼하게 따름으로써 자기를 실현하는 기획
을 수행하고 있는 것일 수 있다. 마찬가지로, 푸코는 삶이 예
술 작품처럼 창조되는 그리스인들의 "실존의 미학"에 찬탄을
보낸다. 또한 푸코의 주안점이 성 윤리보다 훨씬 더 일반적이
라는 것도 분명해진다. 그는 『성의 역사 3: 자기배려』를 작업
하는 동안에 가졌던 인터뷰에서 이렇게 말한다. "나는 섹스보
다는 (…) 자기 테크닉들과 관련된 문제들에 훨씬 더 관심이
있습니다. 섹스는 지루합니다."('On the Genealogy of Ethics'(「윤

리의 계보에 관하여」), EW I, 253)[1]

하지만 우리는, 푸코 스스로 이미『성의 역사 1』에서 보여
주었듯이, 자기창조의 환상만이 있을 수 있다는 점을 지적하
고자 한다. 우리가 생각할 수 있는 것은, 우리의 자유가, 근대
의 성 해방이 그랬던 것처럼, 권력관계들에 의한 제약들의 내
면화에 불과할 수도 있다는 것이다. 아름다운 삶을 창조하려
는 고대인들의 기획에 푸코가 매료되었을지는 모르나, 바로
그 기획이 그리스 사회의 권력 구조들과 얽혀 있다는 것도 그
는 누구보다 잘 알고 있었다. 이를테면 성인 남성과 사춘기
소년 간의 동성애와 관련된 그리스의 관습을 생각해보자. 물
론 이 시기에는 아직 그리스도교가 존재하지 않았으므로, 동
성애를 본질적인 악으로, 또 자연에 반하는 행위로 규정하는
그리스도교의 비난 같은 것은 없었다. 그럼에도 불구하고, 푸
코가『성의 역사 2: 쾌락의 활용』에서 강조하는 바에 따르면,
사람들은 정치적인 이유 때문에 동성애를 문제삼았다. 우위
를 차지하는 남성의 수동적 파트너가 되어야 하는 소년은, 그
럼에도 불구하고 도시국가의 지도자가 될 훈련을 받고 있다.
장차 도시국가의 지도자가 될 사람이 어떻게 여자나 노예와
동일한 수준에서 성적 대상이 될 수 있단 말인가? 이상적인
아름다움과 영혼의 자기제어에 관한 플라톤의 모든 이야기
에 등장하는 '플라토닉 러브'의 문제는 아테나이 사회의 권력

관계와 분리될 수 없다.

이 문제의 핵심은 '문제화(problematization)'라는 개념이다. 방금 이 개념을 무심코 소개했지만 사실 이것이 푸코 후기 사유의 핵심 개념이다. 문제화는 개인이 자신의 실존과 맞닥뜨리게 되는 근본적인 문제들과 선택들을 정식화한다. 내 실존이 특정한 방식으로 문제화된다는 사실은 의심의 여지 없이 내가 들어가 있는 사회적 권력관계에 의해 결정된다. 하지만 이러한 문제화가 주어지면 그 문제화가 제기하는 문제에 내 방식대로, 더 정확하게는, 내 역사적 맥락 안에서 자기로서의 내가 누구인지를 정의하는 방식으로 대응할 수 있다.

푸코는, 비록 노골적으로 드러내고 있지는 않지만, 문제화와 사회적 소외를 암묵적으로 대조시킨다. 푸코가 이 문제화라는 용어를 도입한 고대의 맥락에서 문제화된 것은 여성이나 노예처럼 사회적으로 소외된 집단의 삶이 아니라 자유로운 그리스 남성들의 삶이다. 사회적 소외는 사회가 개인들에게 행사할 수 있는 가장 강력한 제약에 해당한다. 사회적으로 소외된 사람들이라고 해도 사회적 권력 구조들에 의해 완전히 결정되는 것은 아니다. 그들은 그들을 지배하는 것에 대항하는 혁명적 운동들에 참여할 수 있(고 성공할 수도 있)기 때문이다. 하지만 그들은 권력과의 투쟁을 통해서만 자기 자신을 정의할 수 있다. 사회적으로 소외되지 않는 사회의 '주류' 구성원들에게는 제약이 덜하다. 권력망은 그들을 예비적인 방식으로 정의하지만 이는 상당한 범위의 추가적 자기정의를 가능케 한다. 사회적으로 소외된 사람들과 달리 그들은 사회에서 그들만의 방식으로 자기를 형성할 수 있게 해주는, 이용 가능한 '최적의 공간'을 갖고 있다. 자유로운 그리스 남성의 '문제화'는 바로 이 영역에 있다.

내 생각은 이렇다. 초기에 푸코는 사회적으로 소외된 삶을 사는 사람들에 초점을 맞추고 있었지만, 주체의 역사(그리고 고대 성 현상의 역사) 쪽으로 이동하면서, 다만 삶이 문제화되는 사람들 쪽으로 초점을 이동시킨 듯하다. 이처럼 그는 권력의 편재성을 부정하지 않고, 권력이 어떤 사람들에게는 상대적으로 자유로운 자기창조의 삶을 영위할 수 있게 한다는 점을 암묵적으로 인정한다. 고대 그리스의 경우에는, 여기에 적어도 일부 자유로운 남성들이 포함되었다. 우리가 사는 세상에서는, 특히 푸코처럼 책을 읽고 쓸 능력과 기회를 가진 자들이 여기에 포함된다.

문제화는 고고학과 계보학을 보완하는(혹은 대체하는) 푸코의 세 번째 역사적 방법론으로 보일 수도 있을 것이다. 하지만 엄밀하게 말하자면 이런 시각은 틀렸다. 문제화는 역사적 방법론이 아니라 역사적 방법론에 의해 연구되어야 할 대상이기 때문이다. 문제화로의 전환은 사회적으로 소외된 개인에서 문제화된 개인으로의 전환이다. 그러나 푸코가 고대 성 현상의 문제화에 관여하는 방식은 그의 역사적 방법론에 중대한 변화를 수반한다. 그는 먼저 성 현상에 대한 고대 담론들의 구조를 주의 깊게 탐구하고자 하며, 이를 위한 주요 도구는 물론 고고학이다. 동시에 그는 성 현상에 대한 고대의 지식과 얽혀 있는 권력관계들에는 거의 관심을 주지 않는다. 『성의 역사 2: 쾌락의 활용』은 우리가 앞서 언급했듯, "소년의 문제"의 정치적 뿌리를 참조하며, 『성의 역사 3: 자기배려』에는 성 현상에 대한 그리스적 관점으로부터 로마적 관점으로의 전환의 배후에 있는 사회적 힘들을 간략하게 다룬 장(푸코가 인정한 바에 따르면 상당히 부차적인)이 하나 있다. 하지만 푸코의 이전 저작들에서 보이던 권력의 계보에 대한 논의는 이 두 권의 책에서 침묵하고 있다.

『성의 역사』 시리즈의 제2권과 제3권에서 권력의 계보에 대한 논의가 침묵하게 된 것은, 계보학은 현행의 지배 체계와 연결된 권력의 선들과 관련되기 때문이다. 푸코가 『감시와 처벌』에서 말했듯, 그것은 현재의 역사다. 하지만 고대 그리스 로마의 권력 체제는 오늘날 우리가 갖고 있는 권력 구조에 대한 이해로부터 너무 멀리 떨어져 있다. 푸코가 이 권력 구조들에만 관심을 두던 때, 그는 그가 원래 계획했던 대로, 사목적 돌봄이라는 중세적 개념 이전으로까지 거슬러 올라갈 필요가 없었다. 하지만 문제화를 주제로 삼게 되고 그 문제화에 대한 자기창조적 반응, 즉 권력 체제의 간극들 안에서 전개되는 문제들을 주제로 삼게 되자, 곧 고대인들에 대한 흥미가 생긴 것이다. 그러나 그것은 계보학적 연구를 필요로 하는 그 문제들의 특수한 기원 때문이 아니라, 고대인들이 이 문제 앞에서 보였던 창의적 반응 때문이었다.

푸코는 "계보학"이라는 용어의 포기를 꺼린다. 아마도 그 말이 푸코와 니체를 계속해서 이어주기 때문일 것이다. 하지만 그는 더 이상 계보학을 의심의 도구로 제시하지 않고, 만연해 있는 근대 권력의 흔적들을 좇는다. 대신 그것은 고대 세계의 "실존의 기술"에 대한 (대체로 감탄조의) 설명이다. 이를테면 이런 식이다. "인간이 스스로 행동 규칙을 정할 뿐 아니라 자신의 삶을 특정한 미적 가치를 전달하고 특정한 양식적 기준을 충족시키는 작품으로 만들기 위해 노력하는 의도적이고 자발적인 행동."(UP, 10-11)[2] "실존의 기술"이라는 말 이상의 그 어떤 것도 지금은 거의 남아 있지 않다. 다만 자기형성의 인과적 설명이라는 일반적 개념뿐이다. 하지만 이 설명은 이제 외부에서 복잡하게 얽힌 권력의 선들을 재구성하려는 것이 아니라 윤리적 변형을 위한 내적 프로그램을 재구성하려는 것이다. 사실 그것은 푸코가 원래 의미하고자 했던 바대로의 계보학보다는 철학사에 훨씬 더 가깝다. 아니면 역사적 방식으로 수행되는 철학 그 자체라고 하는 편이 더 나을 지도 모른다.

이제 푸코의 마지막 '철학'으로 돌아가보겠다. 하지만 그 전에 먼저 우리는 그리스인과 로마인이 어떻게 성 현상을 문제화했는지를 이해하기 위해, 푸코가 그들의 문제화로부터 배울 수 있다고 생각한 것이 무엇인지를 이해하기 위해 고대 성 현상의 고고학을 살펴봐야 한다. 푸코에게 늘 그렇듯, 고고학은 비교의 문제다. 이 경우 근본적인 비교는 성 현상에 대한 그리스도교적 관점과의 비교다. 여기서 푸코는 비록 『안티크리스트』 같은 폭력적 수사는 동원하지 않지만, 다시 한번 니체적인 모습을 보인다. 그리스도교 성 현상이 발흥하면서, 실은 그보다 더 훌륭했던 고대적 관점이 변질되고 말았다는 것이다. 그렇게 말하는 동시에, 푸코는 고대 방식으로의 회귀에는 일고의 가치도 없다는 것을 분명히 한다. 고대의 방식은 그 자체로 심각한 한계들을 안고 있었으며, 어떤 경우에도 우리가 현재 사는 세상에서는 존재할 수 없다는 것이다. 고대의 방식들은 자기창조 기획에 대한 휴리스틱(heuristic) 가이드 역할만을 할 수 있다.

푸코에 따르면, 도덕률과 행동의 수준에서만 보자면 고대인들과 그리스도인들의 차이는 상대적으로 아주 적다. 규정된 윤리적 규칙들과 이러한 규칙들이 결정하는 행동의 실제

패턴들은, 동성 간의 관계 같은 몇 가지 눈에 띄는 예외가 있음에도 불구하고, 매우 유사하다. 그러나 근본적인 차이는 윤리적 주체의 형성에서 나타난다.

푸코에 따르면, 이 차이점들은, 타 아프로디지아는 본질적으로 악하고 그러므로 그것은 주된 윤리적 거부의 대상이라고 하는 그리스도교의 주장에 기인한다. 반대로 고대인들에게 성은 자연스러운 선(善)이었다. 성이 윤리적 문제화의 대상이 되었던 것은 성이 본질적으로 금지되어 있었기 때문이 아니라, 성의 몇몇 측면들이 위험할 수 있기 때문이었다. 이것은 성의 미덕들이 우리 동물성의 낮은 수준에 있고 또 종종 엄청난 격렬함을 수반하기 때문이다. 그리스도인들은 그것이 우리 삶의 중요한 한 부분이 되는 것이 위험하다고 보았고 고대인들은 그러한 상황에 대해 불가피하고 적절하다고 보았다. 고대인들이 위험하다고 생각했던 것은 과도한 탐닉 때문에 우리의 삶이 방해받을 수 있다는 점이었다.

따라서, 그리스도인들에게 성 윤리 규범에 복종한다는 것은 절대적 배제의 문제였다. 이상적인 독신 생활에서는 물론이고, 덜 영웅적인 경우에는 일부일처제 결혼이라는 엄격하게 한정된 영역으로의 제한이다. 반면 고대인들에게 성 윤리 규범에 복종한다는 것은 쾌락의 적절한 사용(크레시스chresis)의 문제였다. 본질적으로 악한 특정 행위들을 피하는 것이 중요한 것이 아니라, (이성애건 동성애건 혼인 관계에서건 혼외 관계에서건) 그 어떤 범위의 성적 활동에 참여하더라도 적절하게 절제하는 것이 중요했던 것이다(물론 여기서는 여성과 노예를 제외한, 자유로운 남성에 대해서만 이야기하고 있다는 것을 염두에 둘 필요가 있다).

자신들의 성적 행동 규범에 따라 살기 위해 고대인들은 자기제어(엥크라테이아enkrateia)에 도달하려고 노력했다. 자기제어는 자기 자신과의 투쟁에서 승리하는 것으로, 자기조절 연습들이 제공하는 자기훈련(아스케시스Askesis)에 의해 달성되는 것이다. 그리스도인들에게 전투는 욕망을 부추기는 악한 외부 세력, 궁극적으로는 사탄과의 싸움이었고, 이 싸움에서 이기려면, 하느님을 위한 자기포기의 기초가 되는 자기에 대한 근본적 이해(해석학)를 통해야 했다. 자기제어가 아닌 자기부정이 중요한 것이다. 결국, 고대에 윤리적 삶의 목표는 절제(소프로쉬네sophrosyne)였다. 절제는 (자신의 정념으로부터의 자유라는) 소극적 자유와 (타자들에 대한 지배의 자유라는) 적극적 자유를 모두 포함하는 자유의 한 형태로 이해되었다. 그리스도교가 추구하는 인간적으로 의미 있는 유일한 자유는 욕망으로부터의 소극적 자유였고, 그 이상의 자유에 대해서는 하느님의 의지에 완전히 굴복할 뿐이다.

그리스도교와의 뚜렷한 대조는 기원전 4세기 고전기 고대 그리스의 관점에 가장 많이 적용된다. 푸코에 따르면 성 현상에 대한 나중 (제국 초기) 관점 역시 기본적으로 동일하다. 그리스도교적인 부정적 관점이 점점 더 강조되는 방향으로 가긴 하지만 말이다. 그러니 예를 들어 타 아프로디지아는 여전히 본질적으로 좋은 것으로 간주되지만 그것의 위험성과 그것을 직면했을 때 우리가 얼마나 나약한지를 훨씬 더 강조하게 된다. 마찬가지로 자기제어(엥크라테이아) 기술은 여전히 핵심적이지만 점점 더 자기 인식과 연결되고, 절제(소프로쉬네)의 관념에는 명상적 만족의 요소가 포함된다. 특히 스토아 철학을 통해 로마 세계는 그리스도교 혁명의 씨앗을 심고 있었다.

　그리스도교의 성 현상에 대한 푸코의 설명은 창조의 선함이라는 핵심 교리를 무시하는 것처럼 보인다. 푸코가 개괄한, 성적인 것에 반대하는 견해의 주요 원천은 아우구스티누스라고 많은 사람들이 짐작했는데, 그런 아우구스티누스조차도 마니교도들에 반대하며 이 세상에 본질적으로 악한 것은 없다고 주장한 바 있다. 정통 가톨릭 교리에 따르면, 인간 본성의 그 어떤 측면도 근본적으로 타락하지 않았으며, 우리의 성 현상을 포함한 모든 피조물은 그리스도에 의해 구속(救贖, 예수가 십자가에 못 박혀 인류의 죄를 대신 씻어 구원함)되었다. 푸코는 물론 이러한 형이상학적이고 신학적인 교리들이 실제적인 윤리적 가르침을 결정하지는 않았다고 주장할 수 있을 것이다. 그러나 그가 정말로 어떤 생각을 했었는지 알기 위해서는 그가 중세의 성 현상에 대해 상세히 설명했던 것을 살펴볼 필요가 있을 것이다. (이 설명의 첫 부분에 대해서는 11장에서 논의한다.)

나는 앞서 푸코의 죽음이 임박했을 시점에 그가 여전히 계보학이라고 부르고 있던 것이 일종의 철학이 되고 있었다고 말했다. 이런 생각을 가장 잘 전개하기 위해서는 푸코가 그의 말년에 『성의 역사 2: 쾌락의 활용』의 서문에서 자신의 작업을 전반적으로 어떻게 특징짓고 있는지에 관해 논평해야 할 것 같다. 이제 그는, 자기가 처음부터 가장 넓은 수준에서, "진실의 역사"를 전개해왔다고 주장한다. 그는 이 진실의 역사가 세 주요 측면을 갖고 있다고 생각한다. 우선 진실을 생산하기 위해 전개되는 담론들의 다양한 체계인 "진실 게임"(이때 진실 게임은 진실 생산을 위한 담론들 각각이 벌이는 것이기도 하지만 담론들 간에 벌어지는 것이기도 하다)에 대한 분석, 두 번째로 이러한 진실 게임들과 권력 관계가 맺는 관계에 대한 분석, 마지막으로 진실 게임들과 자기가 맺는 관계에 대한 분석이다. 고고학을 활용한다면 진실 게임 그 자체를 담론 체계들로 보는 연구를 쉽게 식별할 수 있고, 계보학을 활용하면 진실 게임들이 권력과 맺는 관계의 분석을 쉽게 식별할 수 있다. 여기서 "진실 게임"이 가리키는 것은 푸코의 역사 연구들에서 주요 관심사였던 (실제적이건 가상적이건 간에) 다양한 지식 체계들이다. '진실 게임'의 이러한 의미를 다음과 같이 확장하는 것도 자연스러워 보일 수 있다. 즉 푸코는 고대 그리스인들이 인간 실존의 문제들에 대한 해결책으로 발전시켰던 철학 이론들을 유의미한 게임들로 간주하면서 '진실 게임'과 문제화를 연결한다고 말이다.

푸코가 철학을 문제화에 대한 그리스적 반응으로 보고 있는 것도 사실이다. 하지만 푸코는 문제화에 대한 그리스적 반응으로서의 철학이 이론적 지식 체계의 전개는 아니라고 본다. 오히려 그는 콜레주드프랑스 동료인 피에르 아도의 작업을 따라, 고대 철학은 이론적 진리를 찾는 것이기보다는 근본적으로 삶의 방식이라고 본다. 이러한 맥락에서 "진실 게임"은 사유 체계가 아니라 진실을 말하는 실천들을 의미한다. 『성의 역사 2: 쾌락의 활용』은 플라톤이 소년들에 대한 동성애적 사랑 뒤에 자리한 순수 이상으로서의 진리에 대한 사랑에 호소하는 것에 대해 논의한다. 하지만 플라톤은 적어도 철학을 단순한 삶의 방식이 아닌 이론적 비전으로 취급하려는 경향이 강했고, 푸코는 이런 유의 플라톤주의로부터 거리를 두려고 조심한다.

푸코가 마지막으로 출판한 책의 제목인 『자기배려』는 고대 후기, 특히 스토아학파의 실천 지향적 철학 학파의 주요 주제를 언급한다. 하지만 이 책은 주로 의학, 결혼, 정치 같은 비철학적 맥락의 주제들과 관련된다. 11장에서 우리는 푸코 후기의 출간되지 않은 강의들을 보게 될 것이고[3] 푸코가 어떻게 철학을 자기 돌봄을 지향하는 삶의 방식으로 논의했는지 살펴볼 것이다.

어쨌든, 여기서 푸코는 삶의 마지막에, 폴 리쾨르의 유명한 문구를 변형해서 표현해보자면, 의심의 인식론이라고도 부를 수 있을 어떤 것을 넘어서는 방법을 마침내 찾은 듯하다. 푸코 스스로 주장하듯이, 그의 이전 작업은 모두 진실에 관한 것이었지만, 전통 철학자들이 보여주었던 진실에 대한 무조건적 사랑과는 반대로 푸코는 진실을 시험했다. 그의 고고학은 진실과 종종 관련되어 있는 역사적 틀이 초월적이라고 상정되지만 실은 얼마나 우연적인지를 보여주었고, 그의 계보학은 진실이라는 것이 권력과 지배로부터 우리를 해방시켜준다고 상정되지만 실은 얼마나 권력 및 지배와 얽혀 있는지를 보여준다. 이제 그는 이론적 지식의 본체가 아니라 삶의 방식으로서의 진실을 끌어안는 방법을 모색한다. 그 방법은 인식론이 아니라 윤리다. 진실의 윤리다(도판 12).

그런데 푸코가 말하는 "진실을 산다"는 것은 과연 무슨 뜻

도판 12. 버클리에서 학생들이 준 카우보이 모자를 쓰고 있는 푸코. 1983년, 10월.

일까? 물론 소위 하느님의 뜻이나 인간의 본성에 의해 결정
된, 미리 정해진 이상적 패턴에 따라 우리 자신을 조형한다는
것은 아니다. 고대인들에 대한 그의 연구는, 앞서 살펴본 것
처럼, 두 가지 대안을 제시했다. 예술에 비유할 수 있는 개인
적 자기창조의 산물로서의 진실이 그 첫 번째이고, 사회적 덕
목으로서의 진실 말하기가 그 두 번째다. 여기, 마지막에 이
르러 우리는 푸코의 삶과 작품을 정의하는 이분법을 다시 한
번 발견한다. 미학인가, 정치인가?

제11장

푸코 이후의 푸코

이른 나이에 죽은 푸코는 많은 양의 강의와 미출간 원고를 남겼다(죽기 18개월 전 상속인들에게 그는 그것들을 출간하지 말아달라고 부탁했다). 특히 중요한 것은 콜레주드프랑스에 교수로 재직한 1971년부터 1984년까지의 강의였다(안식년이었던 1977년은 제외). 콜레주드프랑스는 엄격한 연구 기관이다. 학생이 등록할 수도 없고 학위를 주지도 않는다. 그러나 교수들은 1년에 26시간을 '가르쳐야' 한다. 현재의 연구에 대해 보고하는 공개 강의, 그리고 관심 있어 하는 학자들과 함께 특정 주제에 대해 논의하는 보다 전문적인 세미나에 26시간을 배분해 사용할 수 있다. 푸코는 매년 1월부터 3월까지 이 의무를 이행했으며, 일반적으로 강의와 세미나에 시간을 고르게 배분했다.

'사후 출판 금지'는 그의 상속인들이 푸코의 마지막 유언으로 받아들이기로 동의한 편지에 적혀 있던 그의 명령이었다. 하지만 이런 종류의 명령이 제대로 효력을 발휘했던 적은 거의 없었다. 베르길리우스에서부터 카프카에 이르기까지의 사례만 보더라도 그렇다. 진심으로 사후 출판 금지를 원한다면 스스로 원고를 파기해야 한다. 푸코의 경우 상속인들은 거의 13년 동안이나 푸코의 유언을 지켰지만, 1997년에 이르러서는 푸코가 참석자들에게 녹음을 허락했던 콜레주드프랑스 강의에 대해 예외로 인정했고, 결국 그 녹취록이 돌아다니게 되었다. 푸코가 녹음을 허락했다는 것은 출판을 허락했다는 것과 동일하기 때문에 단순히 녹취록을 복제해서 출간하는 책은 사후 출판에 해당하지 않는다는 주장이 제기되었고, 상속인들은 이 주장을 받아들였다. 일단 문이 열리고 나자, 녹취록을 보완하거나 수정하기 위해 푸코가 사전에 작성했던 강의록을 참조하는 것은 쉬운 일이었다(하지만 푸코가 때때로 그의 원고를 수정하고 심지어 그 자리에서 새로운 자료를 만들기도 했었기 때문에 녹취록은 여전히 매우 중요했다). 그런데 첫 두 강의와 관련해서는 활용할 수 있는 녹음 테이프가 없었고, 상속인들은 푸코의 초안을 기반으로 한 강의의 출간을 허용했다. 지금은 이전에 출간된 적 없는 많은 강의, 소논고, 인터뷰 등이 나와 있는 상태다.

이 강의들은 새로운 자료를 처리하고 그 개념들을 재구성하는 마음의 우여곡절을 보여준다. 강의 전체는 물론이거니와 개별 연도에 진행된 강의들도 고정된 어떤 조직적 구조를 제시하고 있지 않다. 푸코가 도달한 그 결과들은 그의 마지막 네 권의 책(『감시와 처벌』, 『성의 역사 1: 앎의 의지』, 『성의 역사 2: 쾌락의 활용』, 『성의 역사 3: 자기 배려』)에 등장한다. 푸코 자신의 자기 비하적 평가에 따르면 그의 강의들에는 '쓰레기도 많지만, 아이들에게 유용할 수 있는 많은 작업과 그 작업들을 받아들일 수 있는 방법'들이 포함되어 있다. 그러나 우리는 또한 그 강의들을 통해 푸코가 순환적으로 발견해나가는 과정을, 그러니까 이미 출간된 그의 작업을 재조명하기도 하면서 더 많은 가능성들에 대한 고무적인 힌트들을 제공하기도 하는 그런 과정을 따라갈 수 있다고 말할 수 있다.

그의 첫해 강의인 『지식의 의지에 관한 강의』는 무엇보다도 13년 동안의 모든 강의를 특징짓는 일반 주제인 진실과 권력의 관계(또는 아마도 인식론과 정치의 연결)를 제시했다. 그 기본 구상은 조르주 뒤메질의 『세르비우스와 운명의 여신』의 한 구절에 잘 표현되어 있는데, 푸코는 1981년 루뱅에서 했던 강의 '악을 행하고 진실을 고백하다'의 1강을 이 구절로 시작한다.

우리 인류의 행동 양식을 고찰하며 과거로 거슬러 올라가보면, '진정한 발화'의 힘에 맞설 만한 힘은 거의 없다. (…) 초기에 '진실'은 인간에게 가장 효과적인 언어적 무기들 중 하나로서 나타났다. 그것은 권력의 씨앗들 중 가장 많은 열매를 맺는 씨앗이었으며, 인간의 제도들의 가장 견고한 토대들 중 하나였다.

이 첫해 강의(『지식의 의지에 관한 강의』) 초반부에서는 니체뿐 아니라 고대 저자들, 이를테면 헤시오도스, 소포클레스, 소피스트들, 플라톤, 아리스토텔레스가 진실과 힘에 대해 논의한 것들을 가지고 이러한 구상의 역사적 범위를 설명한다. 이듬해 강의들부터는 『감시와 처벌』에서 초점을 맞추게 될 근대 시기로 돌아간다. 『형벌 이론 및 제도』(1971~72), 『처벌사회』(1972~73)는 『감시와 처벌』의 예비 작업에 해당한다. 『정신의학의 권력』(1973~74)은 권력에 관한 푸코의 새로운 구상들에 비추어 『광기의 역사』에서의 여러 측면들을 의미심장하게 다시 생각해볼 수 있게 해준다. 이 부분이 저서로 출간된 적은 없다. 『비정상인들』(1974~75)은 『감시와 처벌』과 『성의 역사』에 등장하는 중범죄와 성 현상의 다양한 '괴물들'에 대해 논의한다. 『"사회를 보호해야 한다"』(1975~76)에서는 『감시와 처벌』과 『성의 역사』의 또 다른 주요 주제인 사회의 기초로서의 전쟁에 대한 푸코의 사유가 전개된다. 푸코

는 회고적으로 이 첫 여섯 강의를 (대략적으로 말하자면, '정상'
이 무엇인지에 대한 지식을 통해 행사되는 권력인) 규범화에 특히
초점을 맞춘 것으로 제시했다.

그다음 두 강의인 『안전, 영토, 인구』(1977~78)와 『생명관
리정치의 탄생』(1978~79)에서 푸코는 권력에 대한 자신의
사유에 통치성이라는 개념을 도입한다. 애초의 계획은 그저
법원이나 감옥 같은 규율 체계에 대한 자신의 연구를 보완하
기 위해 근대 자유주의 사회들의 정치 체제(통치)를 분석하는
것이었다. 이를 위해서는 자신의 초기 연구에서 강조되었던
미시적 중심들의 느슨한 다양성 위에 떠 있을 수 있는, 고도
로 구조화된 중압집권적 권력을 위한 공간을 만들어내야 했
다. 푸코가 중앙집권적 통치에 집중했던 것은, 그의 접근 방
식에 상당한 관심을 갖고 반응을 보이던 주류 정치학자들에
게 응답한 것이었다.

자유주의 통치들을 분석할 때 푸코는 두 가지 핵심 개념들
을 사용했다. 그중 하나인 **인구**는 일반적으로 사용되는 용어
에 그가 특별한 의미를 부여한 경우이고, 다른 하나인 **통치성**
은 정치적 이론화의 전문 용어에 잘 어울리게 만들어진 다음
절(多音節)의 추상적 개념이다. 물론 구석기 시대의 부족에
서부터 로마 제국에 이르기까지, 모든 정치 단위에는 통치자
가 통제하는 사람들이라는 의미에서의 인구가 있다. 푸코가

말하는 인구는 정치적 범주일 뿐 아니라 인식론적 범주이기도 하다. 인구는 인구를 통치하는 도구들인 정교한 통계적 방법론을 기반으로 하는 의학적, 경제적, 사회적 지식들의 근대적 조직체의 대상이다. 그렇다면 통치성은 "인구를 주요 타깃으로 삼는 이러한 권력의 행사를 가능하게 하는 제도, 절차, 분석, 반성, 계산과 전술의 총체"(*Security, Territory, Population*, 102)[1]다.

자유주의 정부들은 데이터를 수집하고 분석하는 합리적 절차들에 크게 의존하기 때문에, 폭력이나 맹목적 믿음만이 아니라 정부 정책들을 수용할 만한 그럴듯한 이유들을 인구에 제공함으로써 자신들의 권위를 주장할 수 있다. 따라서 설득이 권력의 주요 도구가 된다. 그러나 이유를 제시하게 되면 그 이유에 의문을 제기할 수 있는 문이 열리므로, 인구는 더 이상 수동적 대중이 아니라, 정치 생활에서 능동적 역할을 맡게 된다. 비판에 대응하는 것은 통치의 필수 기능이 된다. 물론 그런 상호 작용의 모델은 존중하는 이상적 담론에서부터 희화화하는 조작적 선전에 이르기까지 다양하다.

푸코는 근대 통치성을 더 깊이 이해하기 위해 이번에도 자기 특유의 방법론을 활용한다. 근대 통치성의 기원들의 계보를 구성했던 것이다. 그는 근대 통치성의 기원들이 고대 그리스나 로마의 통치에서 나오는 것이 아니라 그리스도교 교회의 사목적 돌봄에서 나온다고 본다(그리고 이 사목적 돌봄이라는 실천에 점점 더 많은 관심을 갖는다). 그보다 나중의 기원들은 통치성의 정치적 합리성을 강조한다. 이를테면 16세기와 17세기에는 유럽 국가들의 국가 안보(국가 이성), 18세기에는 중농주의자들과 애덤 스미스의 자유주의 경제 이론에 호소한다.

1978~79년 강의인 『생명관리정치의 탄생』에서도 통치성의 계보를 이어간다. 제목에 쓰인 생명관리정치는 주제로서는 거의 언급되지 않으며, 강의가 끝날 무렵에 이르러 푸코는 이에 대해 사과한다. 안타깝지만 그는 이전에 『성의 역사 1: 앎의 의지』에서 논의했던 이 주제를 다시는 다루지 않는다. 이 강의의 주요 관심사는 20세기에 발전된 새로운 버전들의 자유주의 사상(신자유주의)이다. 우선 제2차 세계대전 이후 서독의 자유시장 정부에 지적 기반을 제공했던 독일 프라이부르크 경제학자들이 있다(독일 질서자유주의). 1970년대 지스카르데스탱 정부에서 비슷한 역할을 했던 프랑스 경제학자들도 있다. 그리고 영국과 미국의 보수 정부에 영감을 주었던 시카고 학파(특히 개리 베커)가 있다(미국 신자유주의).

푸코는 시카고 학파에 특별히 관심을 가졌다. 베커와 그의 동료들은 통치성을 최소한으로 축소했다. 그들은 인구의 복지를 위한 그 어떤 계획도 자본주의 시장의 자유로운 운영보다 더 나은 결과를 낳을 수 없다고 주장했다. 하지만 시카고 학파는 인명 및 재산에 피해를 끼치는 중범죄에 대해 (법원과 감옥을 통한) 상당한 정도의 규율적 통제를 허용한다. 이러한 형태의 통치성은 자유시장과 대규모 감금의 아이러니한 조합과 더불어 미국에서 여전히 지배적이다.

이 강의가 행해지던 1979년 초에 푸코는 신자유주의가 '시대의 진리'가 될 것이라며 선견지명을 보여주었다. 신자유주의는 자신들의 합리적 이기심에 전적으로 의거해 행동하는 개인(호모 에코노미쿠스)과, 인구의 복지를 가늠하는 기준이자 그 유일한 원천으로서의 자유시장을 이상화하는 이론이다. 그러나 푸코는 신자유주의를 최종적 진실로서 지지하지는 않았다. 그는 단지 그의 현재 시점에서 자유시장 자본주의에 대한 정치적으로 실현 가능한 대안이 없다고 인식하고 있었을 뿐이다(그는 마르크스주의나 사회주의도 대안이 될 수 없다고 느끼고 있었다). 이러한 상황은 오늘날의 세계에서도 마찬가지라고 할 수 있을 것이다. 짐작건대 오늘날의 통치성에 대한 분석을 더 밀고 나갈 만한 시간이 그에게 주어졌더라면, 적어도 그는 의미 있는 대안의 구성을 위한 도구들을 제공하려고 노력했을 것이다.

그다음 3년간의 강의에서 그는 주체성이라는 주제로 전환한다. 푸코는 이제 자신의 전체 기획을 '진실의 역사'로 이해하며, 그 기획이 완성되기 위해서는 지식과 권력에 관한 그의 논의에 이 주체성이라는 주제가 더해져야 한다고 주장한다. 그의 생각을 대략적으로 말하자면, 그는 권력의 세계에 지식 체계들을 구축함으로써 인간 주체들이 진실을 찾는 방법에 대한 역사들을 써왔다는 것이다. 앞서 4장에서 언급했듯이, 푸코는 주체성에 대한 순진한 이해를 경고했지만, 주체성의 역할을 부정한 적은 없었다. 그러나 성 현상의 역사에 대한 연구를 시작으로 그는 주체성을 중심 주제로 삼았다. 『생명존재들의 통치에 관하여』(1979~80) 강의를 그는 고대 그리스의 주체성으로 시작하고, 희곡에서의 1인칭 표현에 대해 성찰하면서 『오이디푸스 왕』으로 돌아간다. 하지만 대부분의 강의에서 그는 신자들을 진리로 인도하기 위해 고안된 그리스도교 실천들의 예로서 세례와 고해, 그리고 사제의 영적 인도를 다룬다. 앞으로 보게 되겠지만 이 주제는 『성의 역사 4: 육욕의 고백』²과 연결된다. 그러나 이어지는 콜레주드프랑스 강의인 『주체성과 진실』(1980~81)과 『주체의 해석학』(1981~82)에서 그는 고대로 돌아가 그리스인(『성의 역사 2』)과 로마인(『성의 역사 3』)에 대한 자료들을 전개한다.

마지막 두 해의 강의인 『자기통치와 타자통치』(1982~83)와 『진실의 용기』(1983~84)에서는 고대 그리스 철학의 파레시아(진실 말하기)라는 개념의 관점에서 주체성을 논의한다.

『자기통치와 타자통치』는, 이를테면 고문(顧問)이 왕에게 전쟁 선포는 실수였다고 말한다거나 언론인들이 정부의 부정부패를 폭로할 때 "권력에 맞서 진실을 말하는" 문제로서의, 정치적 삶에서의 파레시아를 연구한다. 우선 에우리피데스의 『이온』과 페리클레스에 대한 투퀴디데스의 논쟁에 초점이 맞춰진다. 하지만 처음과 끝에서 푸코는 파레시아를 삶의 철학적 방식과 연결시킨다. 그는 먼저, 자기에게는 어떤 '페티시'였다고까지 말할 정도로 자주 인용하곤 했던 칸트의 논고 「계몽이란 무엇인가?」에서의 비판 개념에 대해 숙고한다. 이 강의는 현대 철학을 파레시아와 같은 것에 전념하는 삶의 방식으로서 받아들이는 구상을 탐구하는 메타 성찰로 끝맺는다. 얼핏 기괴한 사유의 흐름처럼 보이지만, 데카르트나 스피노자, 칸트의 삶을 생각해보면 그럴듯하게 느껴지기도 한다. 『진실의 용기』는 철학적 삶에서의 파레시아에 대한 논의를 계속하면서 이제 고대 그리스인들에게로 돌아간다. 푸코는 아테나이 민회 앞에서 철학자로서의 자신의 삶에 대해 '진실을 말하는' 『변론』의 소크라테스와, 용기에 관한 대화에서 묘사되는 『라케스』의 소크라테스에 초점을 맞추며 시작한다. 그리고 기성의 권위와 관습을 노골적으로 비판했던 견유주의자들(이를테면 안티스테네스나 디오게네스)에 대한 자세한 논의들로 결론을 내린다.

　푸코 사망 후, 그가 중세 그리스도교를 다룬 『성의 역사 4: 육욕의 고백』을 완성해놓았다는 소문이 돌았고 그와 관련된 단서도 있었다. 알고 보니 푸코는 1982년 갈리마르 출판사에 타자한 원고를 넘겼고, 1984년 초 최종 교정을 위해 원고를 다시 받아놓고는 이를 끝마치지 못했던 것이었다. 이는 푸코가 '사후 출판 금지'를 주장했을 때 염두에 두었던 것의 전형적인 예시로 보일 것이다. 그러나 상속인들은 2018년 『육욕의 고백』 출간을 승인했다. 편집자인 프레데리크 그로가 냉정하게 표현했듯이, "푸코의 상속인들이 이 중대한 미간행작이 출판되어야 할 시기와 상황이 왔다고 판단"했기 때문이다. 이 책은 푸코가 1982년 갈리마르 측에 제출한 타이핑 원고를 기반으로 한다. 하지만 편집자는 푸코의 육필 원고들을 가지고 타이핑 원고를 보완했으며, 누락된 섹션 제목들도 추가했다. 그는 또한 그 책을 위해 쓰인 것으로 추정되는, 모두 합쳐 40쪽 분량의 네 '부록들'을 포함시켰지만, 그 글들이 어디에 위치해야 하는지는 명시되어 있지 않다. 이 책은 비록 완성된 모습으로 출간되지는 않았지만, 2세기의 알렉산드리아의 클레멘트에서부터 4, 5세기의 아우구스티누스를 거치면서, 성 현상의 역사에서 고대 후기 이교 저자들의 다음 단계인 그리스도교 교부들로 옮겨가는 과정을 효과적으로 제공한다.

　푸코의 전반적인 기획은 이 사상가들이 성적 행위에 대한 이교 규칙들의 핵심을 어떻게 그리스도의 계시의 신학을 전개하는 맥락 안으로 전환시켰는지를 보여주는 것이다. 여기서 가장 중요한 요인, 즉 이교 규칙들의 핵심을 그리스도교의 맥락 안으로 전환시키는 요인은, 인간 삶의 목표가 어떤 식으로든 이 세상에서 행복한 것이 아니라 새로운 천국에서 영원히 행복하게 사는 것이라는 그리스도교의 주장이다. 물론 죄에 대한 신학적 가르침(이를테면 타락, 원죄, 그리고 세례와 고해를 통한 용서)은 분명 사통, 간음, 동성애 행위를 저지른 자들이 위기를 모면할 수 있도록 해주지만, 그러한 행위들이 영원한 저주를 받아 마땅하다는 것에는 의심의 여지가 없다. 하지만 순결한 삶의 두 가지 형태, 즉 모든 성적 관계를 피하는 순결과, 평생 서로에게만 헌신하는 부부 사이에만 성관계를 허용하는 결혼의 구원적 의미와 관련해서는 골치 아픈 문제가 있다. 순결을 관리할 수 있는 소수의 사람들이 순결을 선호한다는 것은 분명하다. 하지만 그렇다고 해서 혼인한 부부 사이의 성관계도, 기껏해야 인류가 멸망하지 않을 정도로만 용인되는 죄악이라는 말인가? 그리고 순결이 이상이라면, 왜 성서에서는 처녀와 교회가 '그리스도의 신부'라고 주장하는 것일까? 『성의 역사 4: 육욕의 고백』 대부분은 순결과 결혼에 관한 그리스도교적 논의들에 대한 면밀한 텍스트 분석으로 구성된다.

앞서 살펴본 것처럼 푸코는 성을 바라보는 그리스도교의 시각이 근본적으로 부정적이라는 것을 보여주는데, 이는 그가 『성의 역사』 제2권과 제3권에서 전개했던 그리스 로마 이교의 성 현상에 대한 설명들과 대조된다. 『성의 역사 4』에서 푸코는 성을 근본적으로 부정적으로 보는 그리스도교의 시각이 한참 나중인 중세에 발전된 것, 즉 12세기와 그 이후의 시각이라고 보고, 초기 그리스도교 사상가들, 특히 아우구스티누스는 신이 창조한 것으로서의 성이 본질적으로 선하다고 주장했었다는 것을 인정한다. 동시에 초기 그리스도교 사상가들은 세례를 받은 후에도 원죄의 잔재인 '육욕(concupis-cence)'(욕망 혹은 리비도)의 도덕적 위험을 인식한다. 육욕의 위험에 대항하는 투쟁의 본질에 대한 초기 교부들의 사유를 추적하면서, 푸코는 근대 성 현상의 두 주요 측면의 기원을 찾아낸다. 그것은 욕망하는 행위자로서의 인간 존재, 그리고 우리의 성 현상이 갖는 복잡성들에 대한 지속적 조사와 언어적 명료화('고해')의 필요성이다.

그러나 『육욕의 고백』은 『성의 역사 1: 앎의 의지』에서 소개했던 기획이 대상으로 삼았던 (16세기 이후의) 근대 성 현상과 고대의 성 현상 사이의 틈을 메워주지 않는다. 그리스도교가 세속적 삶과 종교적 삶을 모두 지배하는 교단이 되고, 근대의 욕망하는 자아로 이끄는 개념들과 실천들(죄, 자기점검,

고해)을 발전시킨 1000년의 세월이 여전히 남아 있다. 그 세월의 일부는 분명 미완성 원고 *La chair et le corps*(『육욕의 고백』)에서 다뤄졌고 결국은 출판된다. 하지만 푸코가 더 오래 살아 있었다 하더라도, 과연 그가 『성의 역사 1: 앎의 의지』에서 근대의 성 현상과 관련해 개략적으로 제시했던 기획과 고대의 성 현상의 간극을 메웠을 것인지는 확실치 않다. 콜레주 드프랑스에서의 강의들이 보여주듯이, 성 현상에 대한 그의 연구는 주체성, 통치성, 그리고 진실에 대한 연구들과 복잡하게 얽히게 되었다. 안타깝지만 푸코가 몇 년만 더 살았더라도 제시할 수 있었을 새로운 지평들은 결코 볼 수 없을 것이다.

초판 감사의 말

이 책의 초고는 프랑크푸르트 요한볼프강괴테대학에서 했던 세미나와 연계하여 2003년 여름에 썼다. 나를 초청하고 다정하게 대해준 악셀 호네트, 내 세미나에 참여해 관심 가져주고 질문해준 학생들, 또 나를 환대해주고 좋은 음식과 훌륭한 포도주를 맛보게 해준 리테라투어하우스(Literaturhaus) 식당 직원들(특히 올리버와 프란츠)에게 깊이 감사드린다.

늘 그렇듯 내 원고를 가장 먼저 읽어주는 최고의 독자, 내 아내 아나스타샤 프리엘 거팅에게 감사를 전한다. 또 크게 도움되는 조언을 해준 제리 브런스와 토드 메이에게 감사드린다. 이 기획을 제안하고 지지해준 옥스퍼드대학출판부의 마샤 필리언에게도 감사를 전한다.

주

1장

1. 레몽 루셀, 『아프리카의 인상』, 송진석 옮김, 문학동네, 2019, 355~403쪽.
2. 같은 책, 357~358쪽 참조.
3. *Technologies of the Self: a seminar with Michel Foucault*, edited by Luther H. Martin, Huck Gutman, Patrick H. Hutton, University of Massachusetts Press, p. 9 (이 텍스트의 프랑스어 역은 DE의 362번 텍스트로 실려 있다. 「진리·권력·자기」, 『자기의 테크놀로지』, 이희원 옮김, 동문선, 1997, 19쪽)
4. DE n º 343, "Archéologie d'une passion" 후반부. (프랑스어 역)
5. 『임상의학의 탄생』, 홍성민 옮김, 인간사랑, 1993, 15쪽.
6. 같은 책, 260쪽.
7. 같은 책, 282쪽.
8. 같은 책, 23쪽.

2장

1. 『미셸 푸코의 문학비평』, 김현 편, 문학과지성사, 1989, 255쪽.
2. 『말과 사물』, 이규현 옮김, 민음사, 2012, 420쪽.
3. 같은 책, 421쪽.
4. 『담론의 질서』, 이정우 옮김, 중원문화, 2012, 11쪽. 번역 수정.
5. 같은 책, 11~12쪽. 번역 수정.
6. 같은 책, 24쪽. 번역 수정.
7. 같은 책, 54쪽. 번역 수정.
8. 주로 '섹슈얼리티'로 음차해서 번역하는 'sexuality' 혹은 'sexualité'의 번역어로 이 책에서는, '성과 관련된 모든 종류의 현상'이라는 의미로 '성 현상'을 사용하기로 한다. 성 현상에는 성행위, 성과 관련된 모든 행동, 그리고 성적 욕망까지 모두 포함된다.
9. 『미셸 푸코의 문학비평』, 92쪽. 번역 수정.
10. 같은 책, 93쪽. 번역 수정.
11. 같은 책, 103쪽. 번역 수정.

12. 같은 책, 192쪽.
13. 『광기의 역사』, 이규현 옮김, 나남, 2003, 3부 5장 6절.

3장

1. 『미셸 푸코의 권력이론』, 정일준 편역, 새물결, 130~131쪽.
2. 『권력과 지식—미셸 푸코와의 대담』, 홍성민 옮김, 나남, 1991, 159~162쪽.
3. 같은 책, 163쪽.
4. 같은 곳. 번역 수정.
5. DE, n º 1, "Introduction, in Binswanger (L.), Le Rêve et l'Existence".
6. 『말과 사물』, 364~365쪽.
7. 『권력과 지식—미셸 푸코와의 대담』, 79~80쪽. 번역 수정.
8. 『미셸 푸코의 권력이론』, 133쪽.
9. 같은 책, 133~134쪽.
10. 같은 책, 128~129쪽.
11. 같은 책, 130쪽. 번역 수정.
12. 같은 책, 132쪽.
13 같은 곳.
14 DE, n º 296, "Est-il donc important de penser?"
15 정확하게는 '더 이상 그 어떤 권위에도 복종하지 않겠다'가 아니라, '이런 방식이
   아닌 다른 방식의 권위를 원한다'에 더 가깝다.
16 DE, n º 269, "Inutile de se soulever?"

4장

1 『지식의 고고학』, 이정우 옮김, 민음사, 2000, 17쪽.
2 같은 책, 26쪽.
3 『말과 사물』, 17쪽.
4 같은 책, 7쪽.

5장

1 『권력과 지식—미셸 푸코와의 대담』, 81쪽. 번역 수정.

2　이광래, 『미셸 푸코―'광기의 역사'에서 '성의 역사'까지』, 민음사, 1989, 333쪽.

3　같은 책, 352쪽.

4　『감시와 처벌』, 오생근 옮김, 나남출판, 2020, 1부 1장 3절.

5　『미셸 푸코―'광기의 역사'에서 '성의 역사'까지』, 329쪽.

6　같은 책, 334쪽. 번역 수정.

7　같은 책, 338쪽. 번역 수정.

8　같은 책, 331쪽.

9　같은 책, 334쪽.

10　『감시와 처벌』, 1부 1장 5절.

11　DE nº 330, "Structuralisme et poststructuralisme", 마지막 질문(마르크스주의 관련 질문)이 있기 직전.

12　『지식의 고고학』, 106~107쪽.

13　『미셸 푸코―'광기의 역사'에서 '성의 역사'까지』, 343쪽.

14　같은 책, 344쪽.

6장

1　DE nº 285, "Le philosophe masqué".

2　DE nº 339, "What is Enlightenment?". 『자유를 향한 참을 수 없는 열망』(정일준 편역, 새물결, 1999)에 '계몽이란 무엇인가?'라는 제목으로 실려 있다. 한편 제목이 동일한 다른 논고도 있는데(nº 351, "Qu'est-ce que les Lumières?"), 이는 콜레주드프랑스 1983년 1월 5일 강의(『자기 통치와 타자 통치 I』)를 발췌 정리한 내용이며, '혁명이란 무엇인가?'라는 제목으로 『자유를 향한 참을 수 없는 열망』에 실려 있다.

3　『자유를 향한 참을 수 없는 열망』, 178쪽.

4　같은 책, 181쪽.

5　같은 책, 185쪽.

6　같은 곳.

7　같은 책, 189~190쪽.

8　같은 책, 190쪽.

9　같은 책, 194~195쪽.

10　같은 책, 195쪽.

11　같은 곳.

12 DE n º 361, "La vie, l'expérience et la science".

13 『말과 사물』, 424쪽.

14 같은 책, 421쪽.

7장

1 『광기의 역사』, 이규현 옮김, 나남출판, 2020, 3부 4장 5절.

2 같은 곳.

3 같은 곳.

4 같은 곳.

5 같은 곳.

6 같은 곳.

7 『광기의 역사』, 3부 4장 6절.

8 같은 곳.

9 『광기의 역사』, 3부 4장 7절.

10 같은 곳.

11 같은 곳.

12 같은 곳.

13 같은 곳.

14 같은 곳.

15 「계몽이란 무엇인가?」, 『자유를 향한 참을 수 없는 열망』, 192쪽.

16 같은 책, 191쪽.

17 같은 곳.

18 「계몽이란 무엇인가?」, 『자유를 향한 참을 수 없는 열망』, 192쪽.

8장

1 『감시와 처벌』, 1부 1장 1절.

2 같은 책, 1부 1장 2절 : "이상이 신체형과 일과시간의 내용이다."

3 같은 책, 2부 1장 2절.

4 같은 책, 1부 1장 4절.

5 같은 책, 4부 3장 2절.

6 같은 책, 3부 1장 1절.

7 같은 책, 3부 2장 2절.

8 같은 곳.

9 같은 책, 3부 3장 2절.

10 같은 책, 3부 2장 4절 '시험'.

11 같은 곳 '시험'(2).

12 『성의 역사 2: 쾌락의 활용』, 신은영, 문경자 옮김, 나남출판, 2018, 서론: "우리
가 그들과 같은 세계에 속한 사람들이 아니라는 것은 명백한 일이다."

9장

1 『성의 역사 1: 앎의 의지』, 이규현, 나남출판, 2020, 2장 1절.

2 같은 곳.

3 『비정상인들』, 1975년 3월 19일 강의.

4 이 주제들은 푸코의 죽음과 함께 영원히 사라지고 만 것이 아니라, 콜레주드프랑
스 강의록인 『정신의학의 권력』과 『비정상인들』에 그 흔적을 남겼다.

5 『성의 역사 1: 앎의 의지』, 5장.

6 같은 곳, 마지막 장.

10장

1 드레피스, 라비노우, 『미셸 푸코: 구조주의와 해석학을 넘어서』, 서우석 옮김, 나
남출판, 1989, 322쪽, 번역 수정.

2 『성의 역사 2 : 쾌락의 활용』, 서론, 1. 변형.

3 2023년 1월 현재 콜레주드프랑스 강의록이 영어로 번역 출간되었다.

11장

1 『안전, 영토, 인구』, 1978년 2월 1일 강의 후반부.

2 한국어판에서는 제목이 "육체의 고백"으로 번역되었으나, "육욕의 고백"으로 번
역하는 것이 맞다. 그리스도교에서는 자기 안의 모든 욕망을 언어화해 자기 밖으
로 고백해내는 것이 중요한데, 이때 특히 "육욕(색욕)을 고백"하는 것이 중요하
게 여겨졌고, 이러한 경향이 서구의 근대 성 현상에까지 영향을 미치고 있다는
것이 이 책의 내용이기 때문이다.

참고문헌과 더 읽을거리

입문서

전반적으로 훑어보려는 입문자들에게는 다음의 것들을 추천한다. 내가 푸코에 대해 쓴 짧은 글들이 실려 있다. Edward Craig (ed.), *Routeledge Encyclopedia of Philosophy* (New York: Routledge, 1998); (with Johanna Oksala) Edward Zalta (ed.), *Stanford Encyclopedia of Philosophy* (web-based: http://plato.stanford.edu/. 책 한 권 정도는 읽을 여유가 있다 싶으면 다음을 참조하라. Todd May, *Philosophy of Foucault* (Toronto: Mcgill-Queens University Press, 2006); Johanna Oksala, *How to Read Foucault* (London: Granta, 2012).

도움되는 다른 짧은 글

David Hoy (ed.), *Foucault: A Critical Reader* (Oxford: Blackwell, 1986); Gary Gutting (ed.), *The Cambridge Companion to Foucault*, 2nd edn (Cambridge: Cambridge University Press, 2005); Christopher Falzon et al. (eds), *A Companion to Foucault* (Oxford: Blackwell, 2013); Diane Taylor, *Michel Foucault: Key Concepts* (London: Routledge, 2014). 푸코에 관해 주로 프랑스적인 관점들을 살펴보려면 다음을 보라. Arnold Davidson (ed.), *Foucault and his Interlocutors* (Chicago: University of Chicago Press, 1997).

중요한 단행본

Hubert Dreyfus and Paul Rabinow, *Michel Foucault: Beyond Structuralism and Hermeneutics*, 2nd edn (Chicago: University of Chicago Press, 1983)[『미셸 푸코: 구조주의와 해석학을 넘어서』, 서우석 옮김, 나남출판, 1989].

Gary Gutting, *Michel Foucault's Archaeology of Scientific Reason* (Cambridge: Cambridge University Press, 1989)[『미셸 푸꼬의 과학적 이성의 고고학』, 홍은영·박상우 옮김, 백의, 1999].

Colin Koopman, *Genealogy as Critique: Foucault and the Problems of Modernity* (Stanford, Calif.: Stanford University Press, 2013).

Lois McNay, *Foucault: A Critical Introduction* (New York: Continuum, 1994).

Ladelle McWhorter, *Bodies and Pleasures: Foucault and the Politics of Sexual Normalization*, Bloomington, Ind.: Indiana University Press, 1999.

Todd May, *Between Genealogy and Epistemology: Psychology, Politics, and Knowledge in the Thought of Michel Foucault* (University Park, Pa.: Pennsylvania State University Press, 1993).

Johanna Oksala, *Foucault on Freedom* (Cambridge: Cambridge University Press, 2005).

John Rajchman, *Michel Foucault: The Freedom of Philosophy* (New

York: Columbia University Press, 1985)[『미셸 푸코, 철학의 자유』, 심세광 옮김, 그린비, 2020].

Paul Veyne, *Foucault: His Thought, His Character* (Cambridge: Polity, 2010)[『푸코, 사유와 인간』, 이상길 옮김, 산책자, 2009].

1장 삶과 작업

푸코의 전 생애를 다룬 세 편의 전기가 있다. Didier Eribon, *Michel Foucault*, tr. Betsy Wing (Cambridge, Mass.: Harvard University Press, 1991)[『미셸 푸코, 1926-1984』, 박정자 옮김, 그린비, 2012]; James Miller, *The Passions of Michel Foucault* (New York: Simon and Schuster, 1993)[『미셸 푸꼬의 수난』, 김부용 옮김, 인간사랑, 1995]; David Macey, *The Lives of Michel Foucault* (New York: Pantheon, 1993).

아주 눈에 띄는 제목을 가진 두 문헌이 언급되었다(제목 때문이 아니더라도 매우 읽을 만하다). Patricia Duncker, *Hallucinating Foucault* (Hopewell, NJ: Ecco Press, 1996; reissued, New York: Vintage, 1998); Maurice Blanchot, 'Michel Foucault as I Imagine Him', 이 논고는 블랑쇼에 대한 푸코의 글 "Maurice Blanchot: The Thought from Outside"와 함께 번역되어 다음의 책에 실렸다. *Foucault / Blanchot: Maurice Blanchot: The Thought from Outside and Michel Foucault as I Imagine Him*, tr. Jeffrey Mehlman and Brian Massumi (New York and London: MIT Press, 1987).

레몽 루셀의 삶과 작업에 대한 괜찮은 입문서를 찾는다면 다음을 보라. Mark Ford, *Raymond Roussel and the Republic of Dreams* (Ithaca, NY: Cornell University Press, 2000). 영어로 번역된 레몽 루셀의 작품들 중에서는 다음을 보라. Trevor Winkfield (ed.), *'How I Wrote Certain of My Books' and Other Writings*, introduction by John Ashbery (Boston: Exact Change, 1995)[우리나라에서는 『아프리카의 인상』(송진석 옮김, 문학동네, 2019)에 '나는 내 책 몇 권을 어떻게 썼는가'라는 제목의 부록으로 실렸다.]; *Locus Solus*, tr. Rupert Copeland Cunningham (Berkeley: University of California Press, 1970)[『로쿠스 솔루스』, 송진석 옮김, 문학동네, 2020]

『감시와 처벌』에 대해 기대하는 바를 묻는 1974년 인터뷰에서 푸코는, 연장통으로서의 작업이라는 자신의 생각을 근사하게 표현하고 있다.

> 나는 내 책들이 연장통과 같은 것이기를 바랍니다. 그래서 사람들이 자신의 영역에서 원하는 대로 사용할 수 있는 도구를 찾기 위해 그 연장통을 뒤질 수 있기를 바랍니다. (…) 내가 규율 체계들에 대해 쓰고자 했던 이 작은 책이 교사들, 교도소장들, 치안판사들, 양심적 병역 거부자들에게 사용되기를 원합니다. 내가 글을 쓰는 것은 청중들을 위해서가 아닙니다. 사용자들을 위해 쓰는 것입니다. 독자들을 위해서가 아닙니다.

("Prisons et asiles dans le mécanisme du pouvoir"(「권력 메커니즘 내에서의 감옥들과 정신요양원들」), DE II, 523-4)

푸코와의 인터뷰 "진실, 권력, 자기"는 다음에 실려 있다. L. H. Martin et al. (eds), *Technologies of the Self: A Seminar with Michel Foucault* (Amherst, Mass.: University of Massachusetts Press, 1988)[「진리, 권력, 자기. 미셸 푸코와의 대담」, 『자기의 테크놀로지』, 이희원 옮김, 동문선, 1997].

2장 문학

바타유의 가장 잘 알려진 소설과, 그에 주목한 푸코의 「위반 서문」은 다음에 실려 있다. *The Story of the Eye*, tr. Joachim Neugroschel (San Francisco: City Lights, 1987). 바타유의 에세이나 픽션 등 다른 글들은 다음의 선집에 있다. Fred Botting and Scott Wilson (eds), *The Bataille Reader* (Oxford: Blackwell, 1997). 또한 다음을 보라. Michel Surya, *Georges Bataille: An Intellectual Biography*, tr. Krzysztof Kijalkowski and Michael Richardson (London: Verso, 2002).

다음은 블랑쇼 선집이다. Michael Holland (ed.), *The Blanchot Reader* (Oxford: Blackwell, 1995). 다음은 블랑쇼에 대한 통찰력 있는 논의다. Gerald Bruns, *Maurice Blanchot: The Refusal of Philosophy* (Baltimore and London: Johns Hopkins University Press, 1997).

다음은 조르주 페렉의 그 유명한, 알파벳 'e'가 없는 낱말로만 쓰인 소설이다. *A Void*, tr. Gilbert Adair (London: The Harvill Press, 1994), 원제, La disparition (1969). 울리포 운동에 대해 더 많은 것을 알고 싶다면 다음을 보라. Warren Motte (ed.), *Oulipo: A Primer of Potential Literature* (Normal, Ill.: Dalkey Archive Press, 1998).

사뮈엘 베케트의 『이름 붙일 수 없는 자』[전승화 옮김, 워크룸프레스, 2016]는 소설 3부작을 함께 묶어 영어로 번역 출간한 다음 책에 실려 있다. *Three Novels by Samuel Beckett: Molloy, Malone Dies, and the Unnamable* (New York: Grove Press, 1995).

아래는 근대 문학과 푸코의 관계를 일반론적으로 잘 논의했다. Gerald Bruns, 'Foucault's Modernism', in Gary Gutting (ed.), *The Cambridge Companion to Foucault*, 2nd edn (Cambridge: Cambridge University Press, 2005)

3장 정치

사르트르의 구절들에 대해서는 다음에서 참조했다. *Critique of Dialectical Reason*, Volume I, tr. Alan Sheridan (London: New Left Books, 1976)[『변증법적 이성비판』, 박정자·윤정임·변광배·장근상 옮김, 나남출판, 2009]. 두 권의 에세이 선집도 포함된다. *Between Existentialism and Marxism*, tr. John Mathews (New York: Pantheon, 1983), Situations, tr. Benita Eisler (New York: Braziller, 1965).

『변증법적 이성비판』은 실존주의와 마르크스주의를 종합하려는 사르트르의 방대하고 모호한 노력이다. 두 선집은 좀 더 접근하기 쉽고 사르트르의 사유에 대한 좋은 입문서 역할을 할 수 있다. 사르트르와 푸코에 관해서는 다음을 참조하라. Thomas Flynn, *Sartre, Foucault and Historical Reason*, 2 vols (Chicago: University of Chicago Press, 1997, 2005).

빈스방거의 『꿈과 실존』에 함께 수록된 푸코의 서문은 영어로도 함께 번역되었다. *Dream and Existence*, tr. Jacob Needleman (New York: Humanities Press, 1986).

푸코의 첫 번째 책 『정신병과 인격(Maladie mentale et personnalité)』 (Paris: Presses Universitaires de France, 1954)은 나중에 마르크스주의 부분을 제거하고 수정되어 『정신병과 심리학(Maladie mentale et psychologie)』(translated by Alan Sheridan as Mental Illness and Psychology (Berkeley: University of California Press, 1987)으로 출간되었다. 푸코는 사실 이 두 권의 초기 저작들을 자신의 것으로 인정하지 않았다. 그리고 그가 바라는 바에 따라 이 두 버전 모두 그의 총서인 플레이아드(Pléiade) 콜렉션(Œuvres, 2015)에는 포함되지 않았다.

푸코가 『감시와 처벌』에서 언급한, 처벌에 관한 마르크스주의적인 책은 다음과 같다. Georg Rusche and Otto Kirchheimer, *Punishment and Social Structure* (New York: Columbia University Press, 1939).

푸코에 대한 리처드 로티의 생각을 알고 싶다면 다음을 보라. 'Foucault and Epistemology', in David Hoy (ed.), *Foucault: A Critical Reader* (Oxford: Blackwell, 1986); and 'Foucault/Dewey/Nietzsche', in *Richard Rorty, Essays on Heidegger and Others* (Cambridge: Cambridge University Press, 1991).

4장 고고학

아날학파에 관해서는 다음을 보라. Peter Burke, *The French Historical Revolution: The Annales School, 1929–2014* (Palo Alto, Calif.: Stanford University Press, 1991); François Dosse, *New History in France: The Triumph of the Annales*, tr. Peter V. Conroy, Jr (Urbana, Ill.: University of Illinois Press, 1994).

다음은 『광기의 역사』에 대한 앤드루 스컬의 비판적 논평이다. 'Michel Foucault's History of Madness', *History of the Human Sciences*, 3 (1990), 57.

다음은 로이 포터가 광기에 대한 푸코의 연구를 비판한 것이다. 'Foucault's Great Confinement', *History of the Human Sciences*, 3 (1990), 47 – 54.

다음은 역사가들이 광기에 대한 푸코의 연구를 비판한 것에 관한 논의이다. Gary Gutting, 'Foucault and the History of Madness', in Gary Gutting (ed.), *The Cambridge Companion to Foucault*, 2nd edn (Cambridge: Cambridge University Press, 2005).

다음은 역사가로서의 푸코에 대한 훌륭한 논고들을 모아놓은 것이다. Jan Goldstein (ed.), *Foucault and the Writing of History* (Cambridge: Blackwell, 1994).

푸코의 친구이자 콜레주드프랑스 동료였던 로마사가 폴 벤느는 다음 책에서 푸코의 역사적 작업에 매우 호의적인 평가를 내린다. 'Foucault Revolutionizes History', in Arnold Davidson (ed.), *Foucault and his Interlocutors* (Chicago: University of Chicago Press, 1997).

5장 계보학

다음은 역자들의 훌륭한 설명이 곁들여진 니체의 『도덕의 계보』 영역판이다. *Genealogy of Morality*, tr. Maudemarie Clark and Alan Swensen (Indianapolis: Hackett Publishing, 1998)[한국에도 여러 판본이 있다.] 아래는 『도덕의 계보』에 관한 훌륭한 논평이다. Brian Leiter, *Nietzsche on Morality* (New York: Routledge, 2002).

다음은 푸코의 인터뷰 중 하나다. 'Critical Theory/Intellectual History' in *Power/Knowledge: Selected Interviews and Other Writings, 1972-1977*, Colin Gordon (ed.), New York: Pantheon, 1980.

6장 복면 철학자

다음은 푸코를 칸트의 전통 안에 있는 비판 철학자로 바라보는, 흥미롭지만 논쟁의 여지가 있는 해석이다. Béatrice Han, *Foucault's*

Critical Project: Between the Transcendental and the Historical (Stanford, Calif.: Stanford University Press, 2003).

푸코와 현상학에 관해서는 다음을 보라. Todd May, 'Foucault's Relation to Phenomenology', in Gary Gutting (ed.), *The Cambridge Companion to Foucault*, 2nd edn (Cambridge: Cambridge University Press, 2005).

푸코와 바슐라르, 캉길렘의 관계에 대해 더 자세히 알고 싶으면 다음을 보라. Gary Gutting, *Michel Foucault's Archaeology of Scientific Reason* (Cambridge: Cambridge University Press, 1989), chapter 1 [『미셸 푸꼬의 과학적 이성의 고고학』, 1장].

푸코와 하이데거와 관해서는 다음을 보라. Hubert Dreyfus, 'Being and Power: Heidegger and Foucault', *International Journal of Philosophical Studies*, 4 (1996), 1–16.

사르트르와 하이데거가 휴머니즘을 어떻게 바라보고 있는지에 관해서는 다음을 참조하라. J.-P. Sartre, 'Existentialism is a Humanism', in Walter Kaufmann (ed.), *Existentialism from Dostoyevski to Sartre* (New York: Meridian, 1984)[『실존주의는 휴머니즘이다』, 박정태 옮김, 이학사, 2008].

Martin Heidegger, 'Letter on Humanism', in *Basic Writings* (New York: Harper and Row, 1977)[「휴머니즘 서간」, 『이정표 2』, 이선일 옮김, 한길사, 2005].

7장 광기

역사가들이 광기에 관한 푸코의 작업에 어떻게 반응했는지에 대해
서는 이 책의 4장을 참조하라.

다음에서 데리다는 광기와 관련해 푸코가 데카르트를 다룬 방식을
비판한다. 'Cogito and the History of Madness', *Writing and Differ-
ence*, tr. Alan Bass (Chicago: University of Chicago Press, 1978)[『글쓰기
와 차이』, 남수인 옮김, 동문선, 2001, 2장 '코기토와 광기의 역사'].
이에 푸코는 다음의 글로 답한다. 'My Body, This Paper, This Fire',
tr. G. P. Bennington, *Oxford Literary Review*, 4 (1979), 5 – 28.

계몽주의를 잘 소개하고 있는 책으로는 다음을 참조하라. Peter Gay,
The Enlightenment: The Rise of Modern Paganism, new edn (New York:
Norton, 1995).

계몽주의에 대한 호르크하이머와 아도르노의 비판에 대해서는 다
음을 참조하라. Horkheimer and Adorno, *Dialectic of Enlightenment*,
tr. John Cummings (New York: Continuum, 1976)[『계몽의 변증법』,
김유동 옮김, 문학과지성사, 2001].

치안판사의 조사에 관해서는 다음의 3부작을 보라. Jonathan Israel,
*Radical Enlightenment, Enlightenment Contested, Democratic Enlight-
enment* (Oxford: Oxford University Press, 2002, 2009, 2013).

경험에 대한 푸코와 캉길렘의 생각에 관해서는 다음을 보라. Gary
Gutting, 'Foucault's Philosophy of Experience', *Boundary 2*, 29

(2002), 69 – 86.

8장 중범죄와 처벌

다음은 권력과 지식에 대한 푸코의 일반적인 논의에 관한 것이다. Joseph Rouse, 'Power/Knowledge', in Gary Gutting (ed.), *The Cambridge Companion to Foucault*, 2nd edn (Cambridge: Cambridge University Press, 2005).

다음은 역사가로서의 푸코보다는 권력 이론가로서의 푸코에 대한 뛰어난 분석과 비판이다. Axel Honneth, *The Critique of Power: Reflective Stages in Critical Social Theory* (Boston: MIT Press, 1991).

9장 근대의 성

푸코와 동성애 이슈에 관해서는 다음을 참조하라. David Halperin, *Saint Foucault: Towards a Gay Hagiography* (New York: Oxford University Press, 1995).

주이의 사례를 소개하면서 나는 『성의 역사 1』과 더불어 콜레주드 프랑스 강의 『비정상인들』에서 전개된 보다 광범위한 논의를 모두 언급했다. 린다 알코프의 비판에 대해서는 다음을 참조하라. Linda Alcoff, 'Dangerous Pleasures: Foucault and the Politics of Pedophilia', in Susan Hekman (ed.), *Feminist Interpretations of Foucault* (University Park, Pa.: Pennsylvania State Press, 1996).

다음에서 자나 사위키는 대체로 알코프를 지지한다. Jana Sawicki,

'Review of Michel Foucault, *Abnormal: Lectures at the College de France, 1974-1975*', *Notre Dame Philosophical Reviews* (2005. 1. 3).

다음은 알코프와 사위키에 대한 트리메인의 응답이다. Shelley Tremain, 'Educating Jouy', *Hypatia*, 10 (2013).

에르퀼린 바르뱅에 대해서는 다음을 보라. Michel Foucault (ed.), *Herculine Barbin: Being the Recently Discovered Memoirs of a Nine-teenth-Century Hermaphrodite*, tr. R. McDougall (New York: Pantheon, 1975).

다음은 푸코 식으로 행해진 성 현상의 역사에 관한 흥미로운 연구다. Arnold Davidson, *The Emergence of Sexuality: Historical Episte-mology and the Formation of Concepts* (Cambridge, Mass.: Harvard University Press, 2001).

10장 고대의 성

철학에 대한, 특히 고대 철학에 대한 피에르 아도의 생각이 궁금하다면 다음의 책들을 보라. *What Is Ancient Philosophy?*, tr. Michael Chase (Cambridge, Mass.: Harvard University Press, 2002) [『고대 철학이란 무엇인가?』, 이세진 옮김, 열린책들, 2017], *Philosophy as a Way of Life: Spiritual Exercises from Socrates to Foucault*, ed. Arnold David-son, tr. Michael Chase (Oxford: Blackwell, 1995)

고대 그리스 로마 연구가들이 고대의 성에 대한 푸코의 연구에 보인 반응에 대해서는 다음을 보라. David H. J. Larmour et al. (eds), *Rethinking Sexuality: Foucault and Classical Antiquity* (Princeton: Princeton University Press, 1997).

11장 푸코 이후의 푸코

버나드 하코트의 주도하에 컬럼비아대학에서 열렸던 2015~16년 세미나, *Foucault 13/13*에 대한 다음의 웹사이트는, 13년 동안의 강의들 각각에 대한 아주 유용한 분석들과 논의들을 제공한다. http://blogs.law.columbia.edu/foucault1313/

다음은 푸코의 콜레주드프랑스 강의는 물론, 죽기 전까지의 마지막 10년 동안 행했던 다른 강의와 저술에 대한 훌륭한 배경지식을 제공해준다. Stuart Elden, *Foucault's Last Decade* (Cambridge: Polity, 2016). 다음의 웹사이트는 『육욕의 고백』에 대한 스튜어트 엘든의 리뷰이며, 푸코의 사후 간행물에 대한 자세한 내용들을 다루고 있다. Stuart Elden's review of *Les aveux de la chair*, 'Foucault's Confessions of the Flesh', Theory, Culture & Society, 28 March 2018 (⟨https://www.theoryculturesociety.org/review-foucaults-confessions-flesh/⟩).

*Foucault's Last Decade*에서 스튜어트 엘든이 보고했던 것처럼 푸코의 '수많은 쓰레기' 논평은 그의 편집자였던 피에르 노라와의 대화 안에서 이루어졌다.

뒤메질의 구절은 다음에서 인용되었다. Bernard Harcourt, *Foucault*

13/13, introduction to Seminar 1.

통치성에 관해서는 다음을 보라. 여기엔 푸코의 두 에세이와 인터 뷰 하나가 포함되어 있다. Graham Burchell et al. (eds), *The Foucault Effect: Studies in Governmentality* (Chicago: University of Chicago Press, 1991)[『푸코 효과』, 콜린 고든 외 엮음, 심성보 외 옮김, 난장, 2014]

주체성에 대한 푸코의 관점에 대해서는 다음을 보라. Laura Cremonesi et al. (eds), *Foucault and the Making of Subjects* (London: Rowman and Littlefield, 2016).

삶의 방식으로서의 파레시아와 철학에 관한 푸코의 후기 작업, 그 리고 그것이 그의 초기 작업과 맺는 관계에 관한 논의에 대해서는 다음을 참조하라. Edward McGushkin, *Foucault's Askesis: An Introduction to the Philosophical Life* (Evanston, Ill.: Northwestern University Press, 2007).

역자 후기

우리나라에서 푸코는 이미 잘 알려진 사람이고, 그의 사유를 소개하는 책들도 많이 번역되어 있다. 그중에서 이 책의 특징이라고 한다면, 영어권의 사고방식과 푸코 해석에 익숙한 사람에게 좀 더 편하게 읽힐 수 있는 해설서이면서도 푸코의 초기부터 후기 사유까지 두루 다루었다는 것이다. 특히 이 개정판에서는 11장이 추가되어 푸코의 강연록들과 『육욕의 고백』까지 다루고 있다. 푸코의 유언으로 출간되지 못하고 있던 『육욕의 고백』이 마침내 출간된 것과 푸코의 강의록 완간 덕분에 가능했던 일이었을 것이다. 『육욕의 고백』은 우리말로도 번역되었고(2023년) 콜레주드프랑스 강의록은 영역이 완료되어 우리말로 아직 번역되지 않은 경우라도 참고할 수 있다. 또『말과 글』역시 아직 우리말로는 충분히 번역되어 있지 않지만, 중요하다고 여겨지는 논고들이 선집 형태로 영역되어 출간된 것을 접할 수 있다(*The Essential Works of Michel Foucault*, ed. Paul Rabinow. A three-volume translation of selections from *Dits et écrits*).

사실 이전에도 푸코와 가까이 지내면서 푸코의 강의에 직접 참석하거나 그 녹음 테이프 등을 들을 수 있었던, 그리고 푸코가 출연하는 TV 토론이나 그가 기고하는 여러 짧은 글들을 지근거리에서 접할 수 있었던 프랑스 현지의 학자들은 푸코의 후기 사유를 소개하거나 그와 관련된 논의들을 펼칠 수 있었다. 디디에 에리봉의 푸코 전기(『미셸 푸코, 1926-1984』, 박정자 옮김, 그린비, 2012)나 자네트 콜롱벨의『미셸 푸코, 죽음의 빛』(김현수 옮김, 인간사랑, 1998)을 보면, 푸코의 강의록 등이 정식으로 모두 출간되기 전인 비교적 이른 시기에 쓰인 것들임에도 이미 푸코의 후기 사유가 상당히 많이 다뤄졌던 것을 알 수 있다. 그러나 관련 텍스트들을 직접 접할 수 없었던 우리 입장에서는 다만 이리저리 짐작만 해볼 뿐, 아는 사람들끼리 하는 논의를 부러워하며 듣고 있는 것을 넘어서서 함께 그 논의에 참여하기는 어려웠다고도 할 수 있다.

이제 푸코 연구는 새로운 국면을 맞이하고 있다. 콜레주드 프랑스 강의록들의 완간에 이어, 필요 이상으로 신비화되어 있던 『육욕의 고백』이 출간되었고, 적어도 영어로는 이 모든 책들이 번역되었기 때문이다. 이제 프랑스어뿐 아니라 영어가 가능한 많은 학자가 푸코의 후기 사유를 직접 접할 수 있고 푸코의 전체 사유의 윤곽을 그리면서 다양한 논의들에 참여할 수 있는 환경이 조성되었다. 이러한 상황에서 이 책이 유용하게 활용될 수 있기를 바란다.

역자 독서 안내

우리말로 번역된 주요 저서

일단 국내에 번역되어 있는 푸코의 주요 저서들을 프랑스에서의 출간 순서에 따라 소개한다.

『광기의 역사』, 이규현 옮김, 나남출판, 2020(1961, 박사학위 논문).

『정신병과 심리학』, 박혜영 옮김, 문학동네, 2002(1954년에 출간했던 것을 개작하여 1963년에 재출간).

『임상의학의 탄생』, 홍성민 옮김, 인간사랑, 1996(1963).

『말과 사물』, 이규현 옮김, 민음사, 2012(1966).

『지식의 고고학』, 이정우 옮김, 민음사, 2000(1969).

『담론의 질서』, 이정우 옮김, 중원문화, 2023(2012, 2020).

『담론의 질서』, 허경 옮김, 세창출판사, 2020(1971).

『감시와 처벌』, 오생근 옮김, 나남출판, 2020(1975).

『성의 역사 1: 앎의 의지』, 이규현, 나남출판, 2020(1976).

『성의 역사 2: 쾌락의 활용』, 신은영·문경자 옮김, 나남출판, 2018(1984).

『성의 역사 3: 자기배려』, 이혜숙·이영목 옮김, 나남출판, 2020(1984).

『성의 역사 4: 육욕의 고백』, 오생근 옮김, 나남출판, 2019(2018, 사후 출판).

우리말로 번역된 콜레주드프랑스 강의록

푸코는 1976년 『성의 역사』 제1권을 출간하고 나서 1984년 『성의 역사』 제2, 3권을 출간하기까지 아무 저서도 내놓지 않았다. 이 시기 동안 푸코 사유의 여정을 추적하기 위해서는 콜레주드프랑스에서 이루어진 13회의 강의를 살펴보아야 한다. 이 강의들은 현재 프랑스에서 전부 출간된 상태이며 영어로도 모두 번역되어 있다. 아래에는 국내에 번역된 것들만 강의가 이루어진 순서에 따라 소개한다.

『담론의 질서』, 이정우 옮김, 중원문화, 2023(콜레주드프랑스 취임 강의).

『담론의 질서』, 허경 옮김, 세창출판사, 2020(콜레주드프랑스 취임 강의).

『지식의 의지』, 양창렬 옮김, 난장, 2017(1970~71년도 강의).

『정신의학의 권력』, 오트르망 옮김, 난장, 2014(1971~72년도 강의).

『비정상인들』, 박정자 옮김, 동문선, 2001(1974~75년도 강의).

『"사회를 보호해야 한다"』, 김상운 옮김, 난장, 2015(1975~76년도 강의).

『안전, 영토, 인구』, 오트르망 옮김, 난장, 2011(1977~78년도 강의).

『생명관리정치의 탄생』, 오트르망 옮김, 난장, 2012(1978~79년도

　강의).

『주체의 해석학』, 심세광 옮김, 동문선, 2007(1980~81년도 강의).

우리말로 번역된 미셸 푸코 미공개 선집

콜레주드프랑스 이외에도 여러 곳에서 푸코가 발표하거나 강의하고 세미나를 이끌었던 것을 프랑스의 브랭(Brin) 출판사에서 엮어 출간하고 동녘에서 번역 출간하고 있는 '미셸 푸코 미공개 선집'을 소개한다. 『광기, 언어, 문학』 한 권을 제외한다면, 이 선집은 『주체의 해석학』 및 『성의 역사』 시리즈와 더불어 국내에 푸코 후기 사유를 소개하고 있다는 의의를 갖는다.

　『비판이란 무엇인가? 자기수양』, 오트르망 옮김, 동녘, 2016.

　『담론과 진실』, 오트르망 옮김, 동녘, 2017.

　『자기해석학의 기원』, 오트르망 옮김, 동녘, 2022.

　『자기 자신에 대한 진실 말하기』(근간)

　『광기, 언어, 문학』(근간)

『말과 글』(Dits et Écrits, 이하 DE) 수록 논고 중 우리말로 번역된 것들

푸코는 다른 사람의 책에 서문을 쓰거나 잡지에 기고하거나 발표하고 강의하고 인터뷰하는 등, 저서의 형태가 아닌 수많은 짧은 논고들을 남겼다. 이 중 많은 것들이 DE로 함께 출간되었다. 일본어로는 완역이 이루어졌고 영어로는 선집이 만들어졌다. 그러나 우리말로는 아직 완역이나 선집이 없고, 번역된 논고들이 아래 소개하는 여러 책들(서지 사항 생략)에 흩어져 있다. DE 수록 논고들은 번역된 언어별로, 또 판본별로 제목이 조금씩 다른 경우도 있어서 DE에서 각 논고들에 할당한 고유 번호를 병기했다.

「아버지의 '부정'」,『미셸 푸코의 문학비평』(DE n° 8)(횔덜린론)

「그토록 잔인한 지식」,『미셸 푸코의 문학비평』(DE n° 11)(크레비용론)

「위반에 대한 서언」,『미셸 푸코의 문학비평』(DE n° 13)(바타유론)

「한이 없는 언어」,『미셸 푸코의 문학비평』(DE n° 14)(블랑쇼론)

「거리, 양상, 기원」,『미셸 푸코의 문학비평』(DE n° 17)(라포르트론)

「악테옹의 산문」,『미셸 푸코의 문학비평』(DE n° 21)(클로소프스키론)

「J.-P. 리샤르의 말라르메론」,『미셸 푸코의 문학비평』(DE n° 28)(말라르메론)

「뒷-이야기」,『미셸 푸코의 문학비평』(DE n° 36)(쥘 베른론)

「바깥의 사유」,『미셸 푸코의 문학비평』(DE n° 38);(블랑쇼론)

「니체, 프로이트, 맑스」,『자유를 향한 참을 수 없는 열망』(DE n° 46)

『이것은 파이프가 아니다』는 DE n° 53에 살을 붙여 단행본으로 출간한 것이다.

「정치와 담론 연구」, 『푸코 효과』(DE n° 58)

「저자란 무엇인가?」, 『미셸 푸코의 문학비평』(DE n° 69)

「도서관 환상」, 『미셸 푸코의 문학비평』(DE n° 75)

「니이체, 계보학, 역사」, 『미셸 푸코』(이광래)(DE n° 84)

「인민의 정의에 관하여: 마오주의자와의 대화」, 『권력과 지식: 미
셸 푸코와의 대담』(DE n° 108)

「서문」, 『정상적인 것과 병리적인 것』(조르주 캉길렘)(DE n° 119)

「애티카 감옥에 관하여」, 『권력과 공간』(DE n° 137)

「권력의 유희」, 『권력과 지식: 미셸 푸코와의 대담』(DE n° 156)

「육체와 권력」, 『권력과 지식: 미셸 푸코와의 대담』(DE n° 157)

「18세기 질병의 정치학」, 『권력과 지식: 미셸 푸코와의 대담』(DE
n° 168)

「지리학에 관해 푸코에게 보내는 질문」, 『권력과 공간』(DE n° 169)

「지형학에 대한 몇 가지 질문」, 『권력과 지식: 미셸 푸코와의 대담』
(DE n° 169)

「『헤로도토스』에 보내는 푸코의 질문」, 『권력과 공간』(DE n° 178)

「서문: 비-파시스트적 삶의 입문서」, 『안티 오이디푸스』(들뢰즈, 가
타리)(DE n° 189)

「진실과 권력」, 『권력과 지식: 미셸 푸코와의 대담』(DE n° 192)

「진리와 권력」, 『촘스키와 푸코, 인간의 본성을 말하다』(DE n° 192)

「권력, 왕의 머리 베기와 훈육」, 『권력과 지식: 미셸 푸코와의 대담』

(DE n° 193, n° 194)

「권력의 눈」, 『권력과 공간』(DE n° 195)

「시선의 권력」, 『권력과 지식: 미셸 푸코와의 대담』(DE n° 195)

「성의 역사」, 『권력과 지식: 미셸 푸코와의 대담』(DE n° 197)

「권력과 성」, 『미셸 푸코, 섹슈얼리티의 정치와 페미니즘』(DE n° 200)

「육체의 고백」, 『권력과 지식: 미셸 푸코와의 대담』(DE n° 206)

「권력과 전략」, 『권력과 지식: 미셸 푸코와의 대담』(DE n° 218)

「권력과 전략」, 『권력과 공간』(DE n° 218)

「광기와 사회」, 『철학의 무대』(DE n° 222)

「정치와 분석철학」, 『철학의 무대』(DE n° 232)

「'성'과 권력」, 『철학의 무대』(DE n° 233)

「철학의 무대」, 『철학의 무대』(DE n° 234)

「권력에 관한 해명—몇 가지 비판에 대한 답변」, 『권력과 공간』(DE

n° 238)

「통치성」, 『푸코 효과』(DE n° 239) (『미셸 푸코의 권력이론』에도 수록)

「18세기의 건강정치」, 『권력과 공간』(DE n° 257)

「방법에 관한 질문들」, 『푸코 효과』(DE n° 278)

「미셸 푸코와의 대담」, 『푸코의 맑스. 둣치오 뜨롬바도리와의 대

담』(DE n° 281)

「옴네스 에트 싱굴라팀—정치적 이성 비판을 향하여」, 『촘스키와

푸코, 인간의 본성을 말하다』(DE n°291) (『미셸 푸코의 권력이론』
에도 수록)

「주체와 권력」,『미셸 푸코: 구조주의와 해석학을 넘어서』(DE n°
306) (『미셸 푸코의 권력이론』에도 수록)

「공간, 지식, 권력—폴 래비나우와의 인터뷰」,『헤테로토피아』(DE
n°310)

「권력의 그물코」『권력과 공간』(DE n°297, 315)

「윤리학의 계보학에 대하여: 진행 중인 연구에 대한 개관」,『미셸
푸코: 구조주의와 해석학을 넘어서』(DE n°326)(이 인터뷰를 프랑
스어로 번역하고 푸코가 몇 가지를 수정한 것이 DE n°344이며, 「캘리
포니아대학교 버클리 캠퍼스 불문과에서의 토론」,『비판이란 무엇인
가? 자기수양』은 이 텍스트의 또 다른 이본이다).

「비판이론과 지성사: 푸코와의 대담」,『자유를 향한 참을 수 없는
열망』(DE n°330)

「계몽이란 무엇인가?」,『자유를 향한 참을 수 없는 열망』(DE n°339)

「정치와 윤리」,『자유를 향한 참을 수 없는 열망』(DE n°341)

「논쟁, 정치, 문제제기」,『미셸 푸코의 권력이론』(DE n°342)

「혁명이란 무엇인가?」,『자유를 향한 참을 수 없는 열망』(DE n°351)

「도덕의 회귀」,『자유를 향한 참을 수 없는 열망』(DE n°354)

「정부에 맞서—인권」,『촘스키와 푸코, 인간의 본성을 말하다』(DE
n°355)

옮긴이 독자 안내

「자유의 실천으로서 자아에의 배려」, 『미셸 푸코의 권력이론』(DE
n°356)

「다른 공간들」, 『헤테로토피아』(DE n°360)

「푸코의 마지막 강의―1 마지막 대담」, 『미셸 푸코』(이광래)(DE n°
356)(발췌 번역)

「진리·권력·자기」, 『자기의 테크놀로지』(DE n°362)

「자기의 테크놀로지」, 『자기의 테크놀로지』(DE n°363)

「개인에 관한 정치의 테크놀로지」, 『자기의 테크놀로지』(DE n°
364)

DE의 영역판 선집에 실린 글들은 아래와 같다.

(DE에서 각 텍스트에 붙인 고유 번호로 표시한다)

Ethics: Essential Works of Foucault 1954-1984

71, 101, 115, 131, 143, 165, 187, 255, 274, 289, 304, 323, 342,
336, 293, 317, 313, 358, 295, 312, 340, 329, 363, 326(344),
356, 339, 285

*Aesthetics, Method, and Epistemology: Essential Works of Foucault
1954-1984*

8, 10, 7, 11, 13, 14, 20, 21, 36, 38, 43, 360, 53, 69, 164, 201,

기타 우리말로 번역된 푸코의 목소리

앞서 소개한 '미공개 선집' 외에도 DE에서 누락된 강의나 인터뷰 등
이 우리말로 번역 출간되어 있어 소개한다.

「이야기되는 살인」, 『나, 피에르 리비에르』, 심세광 옮김, 앨피, 2008.

『이것은 파이프가 아니다』(DE n°53에 살을 붙인 단행본), 김현 옮김, 고려대학교출판부, 2010.

「인간의 본성―정의와 권력」, 『촘스키와 푸코, 인간의 본성을 말하
다』, 노엄 촘스키·미셸 푸코 지음, 이종인 옮김, 시대의 창, 2010.
해당 텍스트는 1971년에 이루어진 촘스키와 푸코의 텔레비전
대담을 텍스트화한 것으로, 해당 내용은 2023년 1월 현재 유튜
브에 "Dabate Noam Chomsky & Michel Fucault―On human

nature"라는 제목으로 업로드되어 있기도 하다. 네덜란드어와 영어와 프랑스어가 섞여 있는 영상이지만 영어 자막과 일본어 자막 등이 제공되고 있다.

「헤테로토피아」,「유토피아적인 몸」,『헤테로토피아』, 이상길 옮김, 문학과지성사, 2014.

『문학의 고고학』, 허경 옮김, 인간사랑, 2015.『거대한 낯섦』이라는 제목으로 2023년 그린비에서 재발간.

「마네의 회화」,『마네의 회화』, 오트르망 옮김, 그린비, 2016.

『상당한 위험』, 허경 옮김, 그린비, 2021.

『감옥의 대안』, 이진희 옮김, 시공사, 2023.

푸코에 대해 더 알고 싶어졌다면

1. 전기

『미셸 푸코, 1926~1984』, 디디에 에리봉 지음, 박정자 옮김, 그린비, 2012. 가장 추천하는 전기.

『미셸 푸코의 수난』, 제임스 밀러, 인간사랑, 1995. 개리 거팅에 따르면, 푸코의 삶과 작업이 위험한 방식으로 섞여 있는 전기.

2. 푸코 사유를 전반적으로 다룬 저서들

『미셸 푸코』, 프레데리크 그로 지음, 배세진 옮김, 이학사, 2022. 푸코 사유의 전반적 지형을 훑어볼 수 있는 개론서 중 현재의 우리에게 추천할 만한 책.

좀 더 쉽게 푸코의 사유에 접근하고 싶다면 다음의 책을 추천한다. 『미셸 푸코의 휴머니즘』, 디디에 오타비아니 지음, 이자벨 브와노 그림, 심세광 옮김, 열린책들, 2010.

그 밖에 푸코의 사유 전반을 다룬 개론서 내지 연구서들로는 다음의 것들이 있다. 존 라이크만, 『미셸 푸코, 철학의 자유』, 심세광 옮김, 그린비, 2020; 폴 벤느, 『푸코: 그의 사유, 그의 인격』, 이상길 옮김, 리시올, 2023; 질 들뢰즈, 『푸코』, 허경 옮김, 그린비, 2019; 이광래, 『미셸 푸코—'광기의 역사'에서 '성의 역사'까지』, 민음사, 1989; 오생근, 『미셸 푸코의 현대성』, 나남출판, 2013; 자네트 클롱벨, 『미셸 푸코, 죽음의 빛』, 김현수 옮김, 인간사랑, 1998; 사라 밀스, 『현재의 역사가 미셸 푸코』, 임경규 옮김, 앨피, 2008; 피에르 빌루에, 『푸코 읽기』, 나길래 옮김, 동문선, 2002.

3. 푸코 사유의 일부를 연구한 저서들

푸코의 문학 이론에 관심이 있다면 다음을 참조하라. 김현, 『시칠리아의 암소』, 문학과지성사, 1992.

푸코의 초기 저작들(『광기의 역사』, 『말과 사물』 등)에 관심이 있다면 다음을 참조하라. 개리 거팅, 『미셸 푸꼬의 과학적 이성의 고고학』, 홍은영·박상우 옮김, 백의, 1999; 이규현, 『미셸 푸코, 말과 사물―지식의 풍경과 언어의 검은 태양』, 살림, 2019.

영미 분석철학과 푸코 사유의 접점과 긴장 그리고 갈등에 관해서는 다음을 참조하라. 프레데리크 그로·아널드 데이비슨 엮음, 『푸코, 비트겐슈타인』, 심재원 옮김, 필로소픽, 2017.

푸코의 권력론으로 푸코에 입문하고 싶다면 다음을 참조하라. 양운덕, 『미셸 푸코』, 살림, 2003.

마르크스(혹은 마르크스주의)와 푸코 사유의 접점과 긴장 그리고 갈등에 관해서는 다음을 참조하라. 자크 비데, 『마르크스와 함께 푸코를』, 배세진 옮김, 생각의힘, 2021; 자크 비데, 『마르크스의 생명정치학』, 배세진 옮김, 오월의봄, 2020; 마크 포스터, 『푸코와 마르크스주의』, 조광제 옮김, 민맥, 1989; 마크 포스터, 『푸꼬, 마르크시즘, 역사』, 이정우 옮김, 인간사랑, 1990.

규율과 정상성, 통치성 등과 관련해 교육에 관심이 있다면 다음을 참조하라. 스티븐 J. 볼, 『푸코와 교육』, 손준종 등 옮김, 박영스토리, 2019.

규율과 정상성, 통치성 등과 관련해 장애학에 관심이 있다면 다음을 참조하라. 셸리 트레마인 엮음, 『푸코와 장애의 통치』, 박정수·임송이 옮김, 그린비, 2020.

푸코의 권력론과 더불어 통치성 개념에 대한 사회학적 관심이 있다면 다음을 참조하라.

콜린 고든 외 엮음,『푸코 효과』, 심성보 외 옮김, 난장, 2014; 오모다 소노에 외,『푸코 이후』, 김상운 옮김, 난장, 2015; 토마스 램케,『생명정치란 무엇인가』, 심성보 옮김, 그린비, 2015.

『안전, 영토, 인구』와『생명관리정치』등에서 논의되는 신자유주의의 계보학과 신자유주의 통치성에 관한 추가적 연구에 관심이 있다면 다음을 참조하라. 피에르 다르도·크리스티앙 라발,『새로운 세계합리성』, 오트르망 옮김, 그린비, 2022.

푸코 사유에 영감받은 퀴어 이론에 관심이 있다면 다음을 참조하라. 탬신 스파고,『푸코와 이반 이론』, 김부용 옮김, 이제이북스, 2003.

페미니즘과 푸코 사유의 접점과 긴장 그리고 갈등에 관해서는 다음을 참조하라. 황정미 편역,『미셸 푸코, 섹슈얼리티의 정치와 페미니즘』, 새물결, 1995; C. 라마자노글루,『푸코와 페미니즘』, 최영 옮김, 동문선, 1998.

『성의 역사』제2, 3, 4권 등에서 보이는 고대 그리스 로마와 초기 그리스도교 연구, 그리고 파레시아에 관심이 있다면 다음을 참조하라. 나카야마 겐,『현자와 목자』, 전혜리 옮김, 그린비, 2016.

푸코의 초기 예술론과 후기 사유의 '실존의 미학' 개념에 관심이 있다면 다음을 참조하라. 다케다 히로나리,『푸코의 미학』, 김상운 옮김, 현실문화, 2018.

푸코의 후기 사유에서 특히 '진실 말하기(파레시아)'에 관심이 있다면 다음을 참조하라. 프레데리크 그로 외, 『미셸 푸코 진실의 용기』, 심세광 외 옮김, 도서출판 길, 2006.

4. '지금, 여기'를 사는 '우리'의 시각에서 읽는 푸코

박정수, 『'장판'에서 푸코 읽기—장애의 교차로에서 푸코를 만나다』, 오월의봄, 2020.

허경, 『그때는 맞고 지금은 틀리다』, 길밖의길, 2016.

심세광, 『어떻게 이런 식으로 통치당하지 않을 것인가?』, 길밖의길, 2015

5. 함께하면 재미있을 것들

푸코가 살던 시대에 대한 이해가 필요하다면 장 피에르 멜빌(감독), 〈그림자 군단〉, 1969. 나치 점령기 프랑스의 상황.

「비도덕적 의미에서의 진리와 거짓에 관하여」, 『유고(1870-1873년)』(책세상 니체전집 3), 이진우 옮김, 책세상, 2001. 젊은 프랑스 지식인들의 니체 수용에 결정적 역할을 한 텍스트. 이 텍스트를 통해 니체의 언어관과 진리관을 이해하고 나면 프랑스 현대 철학자들의 사유를 이해하기가 한결 수월해진다.

잉그리트 길혀홀타이, 『68혁명, 세계를 뒤흔든 상상력』, 정대성 옮김, 창비, 2009. 68혁명의 배경과 진행 과정 등을 다룬다.

올리버 스톤(감독), 〈플래툰〉, 1986. 베트남 전쟁 상황.

베르나르도 베르톨루치(감독), 〈몽상가들〉, 2003. 1968년 즈음 프랑스 분위기.

울리 에델(감독), 〈바더 마인호프〉, 2009. 당시 독일 상황.

에런 소킨(감독), 〈트라이얼 오브 더 시카고7〉, 2020. 당시 미국 상황.

월터 살레스(감독), 〈모터싸이클 다이어리〉, 2004. 당시 남미 상황.

천카이거(감독), 〈패왕별희〉, 1993; 장이머우(감독), 〈5일의 마중〉, 2014. 비슷한 시기 중국 문화대혁명.

안젤리나 졸리(감독), 〈그들이 아버지를 죽였다〉, 2017. 캄보디아 킬링필드.

마르잔 사트라피, 빈센트 파로노드(감독), 〈페르세폴리스〉, 2007. 이란 혁명과 그 이후.

프랑수아 퀴세, 『루이비통이 된 푸코?―위기의 미국 대학, 프랑스 이론을 발명하다』, 문강형준 외 옮김, 난장, 2012. 20세기 후반 미국의 프랑스 사상 수용사

『광기의 역사』와 『말과 사물』 등을 읽으며 함께 볼 만한 것들.

잉마르 베리만(감독), 〈제7의 봉인〉, 1957.

구로사와 아키라(감독), 〈란〉, 2004.

미겔 데 세르반테스 사아베드라, 『돈키호테』, 안영옥 옮김, 열린책들, 2014.

파트리스 세로(감독), 〈여왕 마고〉, 1994.

마틴 스코세이지(감독), 〈셔터 아일랜드〉, 2010.

라스 폰 트리에(감독), 〈멜랑콜리아〉, 2011.

마쓰모토 다쿠야, 『창조와 광기의 역사―플라톤에서 들뢰즈까지』, 임창석·헤르메스 옮김, 이학사, 2022.

『정신의학의 권력』, 『감시와 처벌』 등을 읽으며 함께 볼 만한 것들

어빙 고프먼, 『수용소』, 심보선 옮김, 문학과지성사, 2018.

알렉산드르 솔제니친, 『수용소군도』, 김학수 옮김, 열린책들, 2020.

에드워드 쇼터, 『정신의학의 역사』, 최보문 옮김, 바다출판사, 2020.

스탠리 큐브릭(감독), 〈시계태엽 오렌지〉, 1971.

밀로스 포만(감독), 〈뻐꾸기 둥지 위로 날아간 새〉, 1975.

윤종빈(감독), 〈용서받지 못한 자〉, 2005.

황준하(감독), 〈인플루엔자〉, 2021.

『비정상인들』, 『성의 역사 1: 지식의 의지』 등을 읽으며 함께 볼 만한 것들

주디스 버틀러, 『젠더 트러블』, 조현준 옮김, 문학동네, 2008.

주디스 버틀러, 『젠더 허물기』, 조현준 옮김, 문학과지성사, 2015.

샐리 포터(감독), 〈올란도〉, 1994.

샘 멘데스(감독), 〈아메리칸 뷰티〉, 1999.

패티 젠킨스(감독), 〈몬스터〉, 2003.

이일하(감독), 〈모어〉, 2021.

『"사회를 보호해야 한다"』, 『안전, 영토, 인구』, 『생명관리정치의 탄생』 등을 읽으며 함께 볼 만한 것들

잉그리드 폰 올하펜·팀 테이트, 『나는 히틀러의 아이였습니다』, 강경이 옮김, 휴머니스트, 2021.

기욤 시베르탱-블랑, 『국가에 관한 질문들』, 이찬선 옮김, 오월의 봄, 2023.

앨버트 O. 허시먼, 『정념과 이해관계』, 노정태 옮김, 후마니타스, 2020.

마르셀 에나프, 『진리의 가격』, 김혁 옮김, 눌민, 2018.

조르주 바타유, 『저주받은 몫』, 최정우 옮김, 문학동네, 2022.

세네카, 『베풂의 즐거움』, 김혁 옮김, 눌민, 2015.

애덤 매케이(감독), 〈빅쇼트〉, 2016.

사카이 다카시, 『통치성과 '자유'』, 오하나 옮김, 그린비, 2011.

사토 요시유키, 『권력과 저항』, 김상운 옮김, 난장, 2012.

지주형, 『한국 신자유주의의 기원과 형성』, 책세상, 2011.

『주체의 해석학』, 『성의 역사 2, 3』 등을 읽으며 함께 볼 만한 것들

에릭 R. 도즈, 『그리스인들과 비이성적인 것』, 주은영·양호영 옮김, 까치, 2002.

피에르 아도, 『고대 철학이란 무엇인가?』, 이세진 옮김, 열린책들,

2017.

디오게네스 라에르티오스, 『그리스철학자열전』, 전양범 옮김,
2016.

**『성의 역사 4』, 『자기해석학의 기원』, 『자기 자신에 대한 진실 말
하기』 등을 읽으며 함께 볼 만한 것들**

귀스타브 플로베르, 『성 앙투안느의 유혹』, 김용은 옮김, 열린책
들, 2010.

『담론의 질서』 등을 읽으며 함께 볼 만한 것들

김준태, 『다시는 신을 부르지 마옵소서─사직상소, 권력을 향한
조선 선비들의 거침없는 직언직설』, 눌민, 2017.

**푸코가 제시하는 실존의 미학으로서의 철학이라는 주제와 함께
볼 만한 것들**

프레데리크 그로, 『걷기, 두 발로 사유하는 철학』, 이재형, 책세상,
2014.

에두아르 루이, 『에디의 끝』, 정혜용 옮김, 열린책들, 2019.

디디에 에리봉, 『랭스로 되돌아가다』, 이상길 옮김, 문학과지성
사, 2021.

이일하(감독), 〈카운터스〉, 2018.

도판 목록

푸코
FOUCAULT

초판 1쇄 인쇄 2024년 11월 25일
초판 1쇄 발행 2024년 12월 5일

지은이 개리 거팅
옮긴이 전혜리

편집 이고호 이원주 이희연
디자인 이혜진
저작권 박지영 형소진 최은진 오서영
마케팅 김선진 김다정
브랜딩 함유지 함근아 박민재 김희숙 이송이
박다솔 조다현 배진성 이서진 김하연
제작 강신은 김동욱 이순호
제작처 한영문화사(인쇄) 한영제책사(제본)

펴낸곳 (주)교유당   **펴낸이** 신정민
출판등록 2019년 5월 24일
제406-2019-000052호
주소 10881 경기도 파주시 회동길 210
전자우편 gyoyudang@munhak.com
문의전화 031-955-8891(마케팅)
031-955-2680(편집)
031-955-8855(팩스)

페이스북 @gyoyubooks
트위터 @gyoyu_books **인스타그램** @gyoyu_books

ISBN 979-11-93710-75-3 03160

• 교유서가는 (주)교유당의 인문 브랜드입니다.
이 책의 판권은 지은이와 (주)교유당에 있습니다.
이 책 내용의 전부 또는 일부를 재사용하려면 반드시 양측의 서면 동의를 받아야 합니다.